資金調達したい経営者
のための

「銀行・愛され メソッド」

平野貴之 著

セルバ出版

プロローグ

「銀行と経営者の関係」は「恋愛関係」と一緒

「銀行と経営者の関係は、恋愛関係と同じですよね。それを理解していると、銀行から圧倒的に資金調達ができるんですよ」

このように話すと、経営者の方からは、「そう言われると、確かに、そうだよね」と共感されることも多いです。

一方で「なにいっているんだ。こちらは生きるか死ぬかの思いで経営をしているのに、そんなノンキな例え話するな」といわれることもあります。

もちろん、銀行取引が恋愛関係と完全一致するわけではありません。でも、この例え話が全く見当外れとも思えないのです。

私は、従業員、または、コンサルタントとして、200億円を超える資金調達に関わって来ました。200億円といっても、一契約で数百万円から数千万円という銀行借入を含めての積み上げですので、数多くの銀行と取引をして来ました。

また、銀行借入のほか、新規上場など証券市場からの資金調達を含めて様々な状況、金額規模の資金調達を経験しております。

逆に銀行借入ができない状況に陥っている事業再生企業へのコンサルティングでは資金調達ができない状態で資金繰りをして行くという状況にも何度も出くわしております。

そういった様々な業種、調達規模、調達種類、資金繰り方法をして来た中で、例え話として分かりやすいのが「恋愛関係」なのです。

これは、経営者からの経営相談も多く受けますが、従業員の方や一般の方と雑談をしているだけでも、なぜか、雑談の中で恋愛相談をされることもあります。

その中で、本当にキュンキュンするような淡い恋の話もありますが、ちょっと首をかしげるような話も出て来ます。

「好きになった人に振り向いて欲しいから、『付き合って』と泣きついた」とか「泣きついてもダメだったから、逆に怒って脅してやった」とかの話が出て来ることがあります。

これでは恋愛成就どころか逆効果にしかなりません。

また別の相談では「理想の相手を見付けるためにウソを付いている」と言う話もよく出て来ます。

そんなことをして付き合い始めても、ウソがばれたときには両者、傷付くだけです。

上手く行かないときの対策は

想像してみてください。この方たちは、どうすれば恋愛が上手く行ったのでしょうか？

「泣きつくより、自分自身を磨いたほうがよかったのではないか？」
「怒り脅すより相手の気持ちを察したほうがよかったのではないか？」
「ウソを付いて自分を実物以上に見せるより、自分らしさを前面に伝えればよかったのではないか？」

残念ながら、私は恋愛コンサルタントではないので、恋愛相談の正解はここではお話することはありません。しかし、この状態が悪い状況を呼び込んでいるのは誰から見ても分かります。

銀行から『お金を貸せません』と言われたらどうするのか？

話を経営の話に戻して行きます。銀行取引をしていると、前日まで優しかった銀行員の方が、急に「お金を貸せません」と言って来ることがあります。

ここでまた想像してみください。こんな場面にあなたが出くわしたらどう考えて、どう対応するでしょうか？

テレビで放送されていたドラマの一場面のように「そこを何とか、融資をしてください」と土下座してお願いするでしょうか？

逆に「このやろう、なぜお金を貸さないんだ。訴えてやる」と怒ったり、脅したりするでしょうか？

もしくは、そんなことをいわれないように「ウソを付いて決算書をよく見せよう」とするでしょうか？

先ほどの恋愛相談で想像して貰ったように、銀行取引でも、これらの状態は、よくない状態だと容易に想像が付くと思います。

恋愛の場合も銀行取引の場合も「そんなのドラマの世界の話でしょ。実際は、そんなことしないよ」と思われるかもしれません。確かに多くの方は冷静に対応するでしょう。しかし、人間、追い込まれたら、パニック状態になり、客観的に見ればよくないと分かっていてもやってしまう可能性があります。

つまり、今は、冷静に客観的に想像しているので大丈夫ですが、会社が生き残れるかどうかのギリギリのパニック状態に陥ると、「この状態には絶対にならない」とはいえないのです。

資金調達がスムーズで成長している会社は何をしているのか？

前述のような「銀行借入ができるか？　どうか？」の状態の会社の経営者とお話をしていると「上場準備している会社のコンサルもしているんでしょ？　当社と比べて、そんな業績のいい会社なんてコンサルするときは楽でいいよね」といわれることもあります。

おそらく、「その会社は単に外部環境がよかったから成長しているのでは？」と思っている場合にこのような話がでてきやすいです。

しかし、どんな会社でも、ずっと業績がいいなんてことはありえず、様々な要因で業績の浮き沈みはあります。

そして、資金繰り面でも、上場準備をするような成長中の会社でも、過去に資金難に陥ったこともあれば、今後、何らかのキッカケで資金難に陥ることもあるかも知れません。

でも、これらの会社は、それを乗り越えてきたから現状は、成長しているし、資金調達もスムーズになっているのです。

つまり、厳しい資金繰りの状況からの脱却も図りつつ、次なる成長の軌道にも乗せてきています。これは、単に環境に恵まれていたからではなく、「現状」から「改善」をし続けてきたことによって、その後の成長があったのです。

資金調達に悩まない会社になるために

本書のテーマは「資金調達をしたい経営者の方が、資金調達に悩まないようにする方法」をお話するものです。しかも、これは、現状の会社の状況や、会社規模などを問わずすべて共通するものです。

言い換えると、「銀行からいつでも融資を受けることができる会社になる方法＝銀行から愛される会社になる方法」をお話するものです。

では、どのようにすれば「銀行から愛される会社」になるのでしょうか。これが、『銀行・愛されメソッド』と私が名づけた方法を行うことによってそのようになって行くことができます。

また、恋愛の相談で例えると、「①パニック状態からの改善」→「②長い目でみて、自分を魅力的に成長させて相手から愛される状態をつくる方法」の２段階が必要だと思われます。

経営でも同様です。「①資金繰り悪化に対してパニックの状態から改善」→「②中長期的に銀行から借入がスムーズに出る状態に成長して行く方法」の２段階が必要です。つまり、「緊急の対策」と「根本的な改善」が必要となります。

これは、「緊急な対策」だけを実行して、一時的に危機を脱しても、根本が改善されなければ、成長する会社になっていけません。また、「根本的な改善」だけでは緊急の状態から脱却できないので、そもそも成長していけません。

これからの章で、「緊急の対策」と「根本的な改善」を実行していき資金調達がスムーズに進む会社になる「銀行・愛されメソッド」の詳しい内容、実施方法をお話して行きます。

２０２２年12月

平野　貴之

資金調達したい経営者のための「銀行・愛されメソッド」 目次

第2章　なぜ、「資金調達ができない＝銀行に愛されていない」のか？

第3章　今日から使える資金調達のための「銀行・愛されメソッド」の全貌

第4章　実践：資金繰り・資金調達シミュレーション

第5章　融資に強くなる銀行との付き合い方とは

第1章　銀行から愛され、圧倒的に資金調達ができるようになるためには

1　資金調達が得意な経営者は「ドラえもん」と同じ⁉

資金調達は「タイムマシーン」を使いこなせ

想像してみてください。「資金調達」が得意な経営者とはどんな人でしょうか？

講演会などでは、「資金調達が得意な経営者はドラえもんと同じ」とお話しします。これは、「ドラえもん」も「資金調達が得意な経営者」も、「タイムマシーン」を持っており、それを自由自在に扱っているからです。

「資金調達」の得意な経営者とお話をすると「本当に、この方は、資金調達力が高いな」とすぐにわかります。どういう意味かというと、その経営者が「タイムマシーンを操っているかの如く過去、現在、未来を、行き来をしている」からです。つまり、過去の話、現在の話、未来の話を抽象的ではなく、具体的にお話をします。

特に、「将来像」は、現実に起こっていないはずなのに、タイムマシーンで未来に行って見て来た如くお話をするのです。聴いているこちらの頭の中で完全に映像化され上質なドラマを見ているような気分になります。

そして、要望されていなくても、こちらから思わず「お金を出資します」「お金を貸します」と言ってしまいそうになるほどです。

しかし、このようにお話すると、「いや、口だけ上手くても、そんなの銀行からは、信用されないから、意味ないよ」とか「ピカピカの将来像を語ればいいのか？」と言われることもあります。

確かに「将来像だけ」では資金調達は無理です。「将来像だけを語ったとしても、過去の重みも現在の躍動感も伝わって来ない」のです。つまり、上質なドラマに比べて、軽い薄っぺらなドラマにしかなりません。

資金調達に強い経営者が語る将来像

では、上質なドラマとは何か？

例えば、登場人物の過去が何も描かれず、現状の苦しみも悩みも何もない主人公の、ただただバラ色の未来を描いているドラマなど誰が見たいのでしょうか。

ドラマの基本は、大まかにいうと、次のとおりです。

⑴　ありふれた日常を送っていた主人公に、ある日、非日常的な出来事が起きる。

⑵　その非日常的な出来事を解決するために、「自分が本来持っている能力」や「いままでに経験を積んで来た実績」などを活かして対応する。

⑶　非日常の出来事は一時的に解決する。しかし、それをさらに上回る壁にぶち当たる。

(4)　様々な努力や苦労しながらも、それを乗り越える方法を見つけ出し解決する。

「(4)」の結果が「将来像」です。これだけ見せられても、そこまでの道のりがなければドラマとして成立しません。

また、「(1)」から「(4)」までが繋がりがなければ、意味も通じません。

「過去の経験」、「現在の大変さ」、「それを乗り越えた未来」がストーリーとして繋がっているドラマではないと、盛り上がりもないのです。

先ほどのとおりに、過去、現在、未来がストーリーで繋がるには、タイムマシーンを操って過去、現在、未来を自由自在に行き来する必要があります。逆に、タイムマシーンで行き来しているということは、どこの時系列に行っても、しっかりと前後が繋がっているのです。

資金調達をしようとして、失敗するのは、ここを間違ってしまうからです。分析手法に囚われすぎて、過去、現在、未来の繋がりのないドラマにしてしまいがちです。

例えば、「○○分析」では、この分析をして、「△△分析」では、あの分析をして、と言うように、各分析でバラバラの結果を出すので、それぞれの辻褄が合わず、分断されてしまうのです。

また、資金を借りることばかりに注目して、自分勝手な将来像しかないドラマ（=過去、現在が存在しない空想の世界）を語ったところで、誰も共感できません。よって、誰も協力してくれないのです。そして資金調達はできずに終わってしまいます。

資金調達はストーリーで語る

逆に言えば、ドラマ全体をつくって行けば共感され、資金調達しやくなります。つまり、融資・投資したことによって「儲かる」ことが、明確に想像できるからです。

(1) お客様のニーズを満たすために起業。
(2) それには様々な壁があったが、それを乗り越えて実績を残して来た。
(3) しかし、現状ではさらなるニーズを満たす必要が出て来た。
(4) そのために、新たな行動を起こす必要があり。それによってニーズが満たされることで売上、利益がさらに上がる。
(5) しかし、行動を起こす手元資金が不足しているので、資金調達を考えている。
(6) その計画を実行すれば、自社にも利益が残るし、融資・投資する側にもメリットがある。軽めですが、これが、ストーリーです。会社によって、ドラマの内容は違うかもしれませんが、ストーリーとして繋がっている必要があるのです。

本書では、資金調達力を高めるために「タイムマシーンの操り方」を学んで行きます。言い換えると、過去、現在、未来を良質なドラマとして伝え、共感してもらい、協力を得て、儲かる仕組みを創る方法を伝えて行きます。

資金調達に必要なものとして、何となく「事業計画書が大切」「ストーリーが重要」などと聴いたことがあるかもしれませんが、具体的な方法を説明していて、誰でも使いこなせるようなものは、あまりなかったと思います。

しかし、本書のコンセプトの「銀行・愛されメソッド」を使えば、これら上質なドラマ、繋がりのあるストーリーである事業計画書を作成し、銀行や投資家から融資・投資を受けられるようになります。

2 「資金調達のコツ」をお教えします

「資金調達のコツ」は意外と「単純なこと」に気づくことから始まる

プロローグでもお話したように、恋愛では、土下座したり、相手を脅したり、ウソを付いたりしても、成就はできません。

資金調達も同様です。銀行に、土下座しても、脅しても、ウソをついても、資金調達はできません。

しかし、こうなると、「でも、どうしても資金を調達したいんだ。土下座でも、脅しても、ウソを付いても、何か資金を調達方する方法はないのか？」と思う方もいるはずです。

これらが「なぜダメなのか？」は、後に詳しくお話して行きます。ここでは、資金調達をしたいのであれば、絶対に押さえておくべき、全体的な「資金調達のコツ」をお話して行きます。

実は、「資金調達のコツ」は意外と単純なのですが、それゆえに、そこに気づきにくく、あまり知らない方も多いです。

ズバリ言うと、「資金調達のコツ」は「資金調達に注目せず、その調達した資金の活用に注目する」ことです。

「なんじゃそりゃ」と思うかもしれませんが、これが本当の「資金調達のコツ」です。

銀行融資で言えば、「借りる」ことに注目するのではなく、「借りた資金をちゃんと活かして、利益を出し、返済する（利息を払う）」ことに注目するのです。株式投資で言えば、「投資して貰う」ことに注目するのではなく、「投資して貰った資金を活用して、事業で利益を出し、配当を支払う」ことに注目するのです。

銀行からの資金調達のコツは

もう少しわかりやすいように、ここでは、「銀行からの資金調達のコツ」（銀行から言えば銀行融資のコツ。会社から言えば銀行借入のコツ）を具体的に見て行きましょう。

まずは、こちらを想像してみて欲しいのです。

例えば、友人から「お金を貸して欲しい」と言われたときを想像してみてください。

「俺、お金が足りないんだよね。どうしても、今、お金が必要だから、お金を貸してよ。まあ、借りても、お金を返せるかどうかわからないけどね。お前、節約家だから、お金を持っているんでしょ」と言われたら、どう思うでしょうか。

「お金を返せるかどうかも説明せず、自分勝手な都合しか言わない」というような状態では、お金を貸す気にもなりません。

「その態度じゃあ貸せないよ」と、こちらが答えたときに、土下座したり、脅して来たり、ウソを付いて来たりすれば、どう感じるでしょうか。さらに、お金を借りるために、何かテレビか本でやっていたような交渉テクニックを使い始めたら…

銀行が「融資をするかどうか?」を判断するときも同様です。会社が「資金が必要だから」というだけの理由で「返済の根拠も示さない」で融資を申し込まれても、資金の融資をしようがないので断るしかないのです。

そこで、感情的に、土下座されても、脅かされても、そもそも融資はしません。

また、銀行は多くの会社と取引をしているので、何かの交渉テクニックを使っても、「また、そんなテクニックを使って。そんなことではこちらの融資判断は変わらない」と考えます。

さらに、「融資の出やすい事業計画書のつくり方」を読んで突貫工事的に作成したストーリーも何もない「絵に書いた餅」のような事業計画書なんて見飽きているのです。

それよりは融資判断する際の基準は、「融資した資金がしっかりと返済され、利息も払ってくれるか？」です。誤解を恐れず、単純化して言い換えれば、「銀行が融資をするかどうかは、銀行が儲かるかどうか？」です。

銀行から見れば、融資した資金の返済が滞れば、不良債権になり、銀行の決算書上で損失になります。また、利息を受け取れなければ、利益も出ません。

つまり、「この融資をして儲かるのであれば、融資をします」し「儲からないのであれば、何をされても融資はしない」のです。

もちろん、銀行には日本経済や地域社会の経済活動を支えるという意義や役割も担っていますので「儲け」だけを追求しているわけではありません。

しかし、日経新聞などを見ていただくとわかるとおり、ほとんどの銀行は上場企業であり、株式会社です。一般の株主もいるということは、「利益」を追求する必要もあるということです。そもそも、銀行自身が生き残らなければ、社会的な責任も果たせないのです。

「銀行借入のコツ」は「借りる」ことに注目せず「銀行も会社も儲かる」に注目すべき

資金を借りる会社側からすると「銀行借入」を考えると、どうしても「どうやって借入するか？」ということに注目してしまいやすいです。

それは、「資金が足りないので仕方がない」と思うかも知れませんが、銀行から見れば、先ほどの友人の例と同じで、「お前の事情は知らない。俺が、お金がないから、お金を貸して」と言っているのに近いのです。恋愛の例で言えば、相手のことを考えずに、自分が「付き合いたいから付き合って」と言う自分勝手な行動に終始してしまうことです。

逆に言えば、銀行の立場になって行動すれば、銀行借入はしやすくなります。

銀行もボランティアではない営利企業であるのと同様に、会社側もボランティアではない営利企業なので、銀行も「儲け」なければいけないのと同時に、会社も「儲け」なければいけません。どちらかだけが儲かるなんて、不公平なことはありえません。恋愛で言えば、一方が幸せなのに、もう一方は不幸せでは、その付き合いは、長続きしないのです。

「銀行も会社も儲かる」には次の流れとなります。

(1) 事業をして行くために資金が必要となる。
(2) その資金を活用することによって、いくら利益が出るのか計画する。
(3) 返済、利息の支払いができて、会社にも利益が残る計画かどうか検討する。
(4) 銀行は、その計画を見て検討し、十分に「返済、利息が受け取れる」と判断すれば融資を実行する。
(5) その計画を実行して、実際に「返済・利息の支払い」をすることで銀行は儲かり、会社にも利益が残る。

以上が、「銀行も会社も儲かる」流れです。この流れを見ると、わかりやすいですが、資金を欲しているときには、資金調達をしたいがゆえに、「⑴」の資金を「どうやって借りるか？」に注目しすぎてしまいがちです。そうではなくて、「⑵」以降の「その資金を活用して行くことに注目し、銀行、会社共に利益が残るか？」が重要なのです。

圧倒的な資金調達力の源泉とは

つまり、この「銀行借入のコツ」を理解しておくと、圧倒的に資金調達力が上がります。「銀行の内情にことに詳しい」とか「様々な調達手段を知っている」とかは、それらの補足に過ぎず、これらだけでは資金調達力は上がりません。

これらは、銀行借入だけではなく、投資家から投資を受ける場合や社債などの債券を発行する場合も同様です。投資家が儲かり、会社も儲かる状態なら資金調達力が上がるのです。

よって、本当の意味で「資金調達力」がある経営者や士業・専門家・コンサルタントは、「銀行も会社も儲かる」ということを理解しています。

逆に、士業・専門家・コンサルタントでも、知識や経験があり、資金調達が得意と言いながら、本当は、あまり得意ではない人が多いのは、「銀行も会社も儲かる」を理解せず、小手先のテクニックでどうにかしようとしてしまうからなのです。

3　銀行融資が出ないことは恐れることなのか？

銀行から見放されたらどうなるのか？

本書では「銀行・愛されメソッド」という方法を使って、銀行からスムーズに融資が出る会社にして行く方法をお話しして行きます。

しかし、経営者の中には、「そんな先の話はどうでもいい。銀行と仲良くやっていければいい」という方もいます。プロローグから読んだ方は、この発言がすでにパニック状態になっていることに気づくと思います。そこで、このパニックから脱出方法をお話しして行きます。

この経営者は「何が原因でパニックになっているか？」を考えてみます。「銀行と仲が悪くなって融資が出なくなったらどうしよう」という心理です。

もう少し深く考えると、銀行融資が出なくなるのを恐れているのではなく、それによって「銀行と仲が悪くなったら、会社がどうかなってしまう（倒産してしまう）のではないか？」という恐れです。

そこで、ここでは「銀行融資がスムーズ状態」の逆の「銀行から見放され融資が出ない状態」になった場合から見て行きます。ここで「銀行から見放され融資が出ない状態」でも「自分が諦めなければ、経営は継続できる」と思えるようになれば、パニックにならず、前向きに「銀行融資がスムーズ状態」になる取り組みをして行きやすくなります。

では、「銀行から見放された状態」＝「銀行融資が出ない状態」ではどのようなことが起きるのかです。

まずは、反社会勢力との付き合いがあったり、手形（電子記録債権）が不渡りになったりなどの銀行取引停止になるような場合は除きます。ここでは、業績悪化により、最近、融資が出ないというレベルであれば、誤解を恐れずにいうと銀行融資が止まってもすぐに何かが起きるわけではありません。融資が出ない前提で経営を進めて行くだけです。

資金繰りという面では、返済や支払いの優先順位を決めて、支払って行くことになり、相手先との交渉などで大変にはなりますが、それ以上でも、それ以下でもありません。資金が不足しているプレッシャーがありますが、経営して行けることには変わりありません。

銀行融資が出ないと言われた会社の事例

ある日、相談に来た経営者のケースです。「銀行から融資が出ないと言われた。もう経営をしていけない」と顔面蒼白で頭を抱えて話していました。

私自身は、上場を目指すような成長企業の決算書も見ますが、銀行が融資をしていない状態の会社の決算書も多く見てきています。

この会社の決算書を見ると、赤字ではあるがそこまで厳しい状況ではないなと感じていました。決算書と資金繰りはズレが生じることがあるので、経営者と一緒に資金繰り表を作成して行きました。

すると、売掛金・受取手形などの「入金」より買掛金・支払手形などの「出金」のほうが、早くなっているのです。この経営者の方は、ある意味「人がいい人」で、販売先が可哀想と「入金は遅くてもいい」としていました。

また、仕入先が可哀想と「支払いは早めにするね」という経営をして来たのです。これでは、売上が上がれば上がるほど、資金繰りが回らなくなります。

ある意味、自社の事業のためではなく、他社である販売先や仕入先の事業のために、資金調達をして来たともいえます。借入ができているうちはどうにかなっていましたが、そうしている間に、業績が悪化し、決算書も悪化したため銀行は融資を絞って来て資金繰りに詰まってしまったのです。

結局、このケースでは、「緊急の対策」として、すぐに入金と出金のバランスの改善に取り組みました。販売先と仕入先には、会社の状況を説明し、納得して貰って通常の入金期日、支払期日に戻して貰いました。

こうして、緊急の資金繰りを回して行きました。それでも、赤字続きでは、会社の存続はできません。そこで、次に、「根本的な改善」を（経営戦略、ビジネスモデルの改善をして業績を回復）して銀行融資も回復させて行きました。

この事例で何を伝えたいかというと、「資金繰り」というのは、銀行取引が最大の問題ではないと言うことです。銀行取引は、資金繰りの中の1つの手段に過ぎず、資金繰りの問題は、経営全体の問題なのです。

言い換えれば、やり方によっては、銀行に頼らなくても、経営はできると言うことです。そもそも銀行融資が出ない状況はその期までの決算書が悪かったからです。そして、融資が出ないと資金繰りが厳しくなった原因もその期までの経営の結果です。

逆に言えば、銀行を恐れるより、「自社の経営が上手く行っているかどうか？」を心配すべきなのです。

銀行に依存しすぎてはいけない

また、恋愛の例え話です。

「あの人がいなければ狂ってしまう」というような恋愛話があります。完全に相手に依存している状態です。プロローグの例と同じように、どちらかが依存する状態はこれが長く続くとは思えません。そうならないためには、依存状態から自立している状態になる必要があります。そのためには、依存しなくてもいいように自分自身を成長させて行くことになります。

経営の話に戻します。会社が銀行に依存しすぎれば、その状態は長く続かないのです。銀行融資がないと経営が厳しいと言うことは、銀行の返済や利息の支払いも厳しい会社です。それでは、何か起こったときに、返済や利息の支払いが滞る可能性があります。

だから、銀行は「まだ、何かが起きてなくても、何かが起きた場合に返済や利息の支払いができないような会社」への融資を躊躇します。

会社は、それを恐れて、ウソの決算書を作成したり、泣きついたりと言うパニック状態になってしまうのです。

逆に、銀行融資が出なくても経営ができる状態（銀行依存からの脱却した状態）にすれば、返済や利息の支払いが確実にできる会社だとわかるので、銀行は融資をしたくなるのです。銀行依存からの脱却については後に詳細にお話します。

銀行に依存しすぎた会社の結果

ある会社からの相談で「銀行からの借入ができないか？」というものがありました。決算書を見ると、銀行借入は難しいと思われました。「それでも、銀行からの借入が欲しい」というのです。でも、ここ数年の動きを見ていても、赤字を続けている割には、対策は銀行借入だけという、経営に本気で取り組んでいる状態ではありませんでした。

さらに、銀行の交渉状況を聴くと、数年前に「資金使途違反」の（設備投資に使うとウソをついて、運転資金を借りた）事実がありました。資金使途違反は、粉飾決算と同様に、取引停止にもなりえるものです。絶対にしてはいけないことをしていたのです。

つまり、数年前から、完全にパニックになり、銀行借入依存状態でした。

「銀行依存を断ち切るしかない」ことを伝えました。「でも、銀行借り入れがないと…」と言い続けていました。しかし、すでに銀行からは見放された状態（銀行融資は出ない状態）であるので、それを追い求めても意味がないのです。やることは2つです。「緊急の対策」と「根本的な改善」です。

手元資金も少ないので、支払いを止めるしかありません。銀行の返済はリスケジュールをして、猶予して貰いました。そして、取引先の買掛金の支払いも数千万円の滞納があったものをすべて、長期の分割支払いに変えて貰いました。さらに、その取引先とは、「この後も通常の買掛金で仕入ができる」ことを約束して貰いました。

こうして、銀行借入はなくても、当面は資金繰りを回すことには成功したのです。そして、その間に「根本的な改善」をして行くことになりました。

この事例のように、銀行から見放されても、自社の経営をしっかり回して行くことによって、経営は続けて行くことができるのです。

「緊急の資金繰り」と「中長期の経営の根本的な改善」で「銀行・愛され会社」へ

本書では、「銀行・愛されメソッド」と言う言葉を使っていますが、銀行から愛される会社になるためには、銀行に媚びるだけではダメなのです。これは、恋愛関係と同じで、相手に媚びてもよい関係は築けません。

よって、「銀行取引・銀行融資だけに注目」するような話はしません。また、逆に、「よい会社を目指しましょう」というような精神論や抽象的な話だけもしません。

「緊急の資金繰りの対策」という具体的な話と「中長期的な経営の根本的な改善」という具体的な話の両方の話をして行きます。これは、銀行融資だけを見ていても、資金繰りはよくならないからです。

また、中長期的な話だけでは、近々の危機的な状況を脱しないことには、中長期的な経営もできないからです。

つまり、「銀行・愛されメソッド」は銀行に依存せず、対等な立場で、銀行取引をスムーズにして行くための方法なのです。

4　銀行が融資を見送る理由とは

銀行自身も営利企業なので損は出せない

まずは、緊急の「資金繰り対応」＝「特にその中でも、銀行融資」について具体的にお話して行きます。

先ほどお話したように、銀行は、営利企業であり、儲けがないといけない会社です。儲けを出して行くためには、取引先（融資先）がどのような状態かという点は、必ず押さえておく必要があります。

よって、1つひとつの取引先（融資先）の会社を査定して、「返済や利息の支払いができる会社かどうか？＝融資をしてよいか、どうか？」を決めて行きます。つまり、銀行は全ての取引先企業を融資が可能か、不可能かの「格付け」しているのです。これは、以前は、金融庁が作成した「金融検査マニュアル」によって、全行一律の基準がありました。今は、廃止されていますが、多くの銀行は、「金融検査マニュアル」の基準を参考に「格付け」をしています。

つまり、担当者個人が融資の判断をしているわけではなく、銀行として判断しているのです。しかも、すべて稟議によって決済されるので、担当者が作成した書類を支店長や審査部が決裁しないと融資の決定はされません。

よって、担当者に土下座しても泣いて頼んでも融資判断は覆らないのです。

それよりは、稟議で行われるということを想定すると、会社のことをあまり知らない支店長や審査部の方に、自社の状況をわかりやすく知ってもらう資料を作成して持って行ったほうがいいです。

その資料の代表的なものが事業計画書です。

銀行が融資を渋る要因とは

では、銀行が融資を渋るときの要因を見て行きましょう。

様々な要因がありますが、ここでは3つに絞って考えて行きます。

①社外の要因によるもの

自社の要因ではなくて、社外の要因でも融資は渋られることがあります。例えば、「景気自体の先行きが見えないとき」「銀行自身の業績の要因」「自社の属している業界の要因」などが考えられます。

先ほどのとおり、銀行は利益を出さないといけないので、世間の景気が悪ければ慎重になりますし、銀行自身の業績が悪ければ儲けが出やすい優良企業と取引をしたくなります。

また、ある業界全体が悪化していれば、その影響を受ける可能性のあるその業界に属する会社への融資を躊躇してしまうのです。

②会社の業績が悪い場合

これが1番、わかりやすい要因です。決算書を見て、会社の業績が悪ければ、返済、利息の支払いができないと想定されるので融資はされません。

銀行は決算書から様々な分析をするので一概には言えませんが、わかりやすいポイントとすると決算書の損益計算書（ＰＬ）が「赤字かどうか？」、貸借対照表（ＢＳ）で「債務超過」になっているかどうか？」です（図表1）。

ちなみに損益計算書（ＰＬ）の利益は段階的にわかれていますが、銀行が注目するのが、「営業利益」もしくは「経常利益」です。「営業利益」は事業活動で得た利益なので、これが赤字ということは事業で儲けが出ていないということだからです。

なお、経常利益は、営業利益に営業外の収益と費用をプラスマイナスしたものです。銀行への支払利息は営業外費用ですので、営業活動で、支払利息を賄えるかどうかという点も注目をしているのです。

決算書については後ほどもお話しますが、損益計算書（ＰＬ）は、1年間の経営の成績（売上・費用・利益）を表していて、貸借対照表（ＢＳ）は決算日時点の資産と負債（一般の言葉で言うと財産と借金）の状況が掲載されています。

〔図表１　ＰＬとＢＳ〕

損益計算書(PL)
※一年間の経営成績

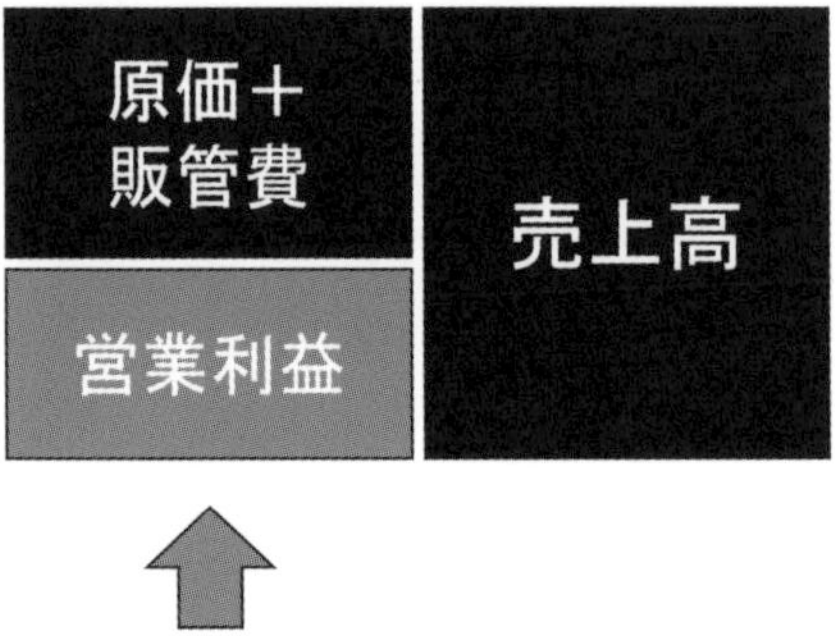

※ポイント
＜営業利益が黒字か、赤字か＞

貸借対照表(BS)
※期末時点の資産、負債の状況

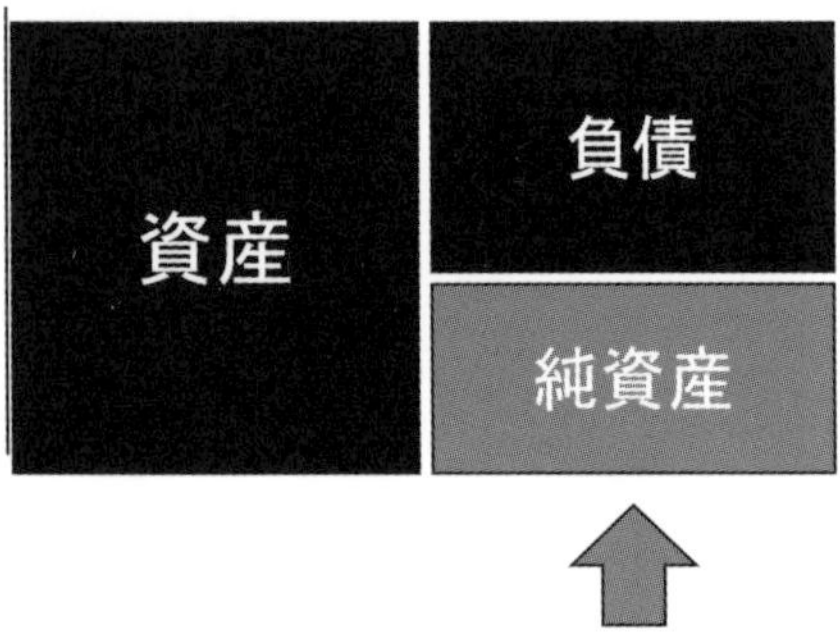

※ポイント
＜純資産がプラスかマイナスか＞
※マイナスの場合を債務超過という

しかし、1期分（1年分）だけの赤字で融資が止まることありません。2期連続（2年連続）の赤字であると融資のハードルは上がります。1年くらいは特殊要因で赤字になる会社もあるけれど、2年連続だと今後も継続的な赤字になる可能性を疑われるからです。

また、決算書の貸借対照表（BS）で、負債が資産より大きくなることを「債務超過」といい、この状態ですと、会社存続が疑われるので融資はしにくくなります。例えれば、10万円しか財産がない人が、借金が50万円もある場合、「返済できないのでは？」と思ってしまうと考えるとわかりやすいです。

なお、「2期連続赤字」も「債務超過」もあくまで目安の1つですので、これだけで融資が不可にはなりません。実際に、顧問先でこれらの状態でも融資が出ている先はあります。

③会社の経営体質や経営者の経営姿勢を銀行が悪評価している場合

銀行は、数字だけで判断しているわけではありません。それ以外の評価もします。しかし、会社内の要因であるけれど、銀行がどう評価しているか会社側ではわかりにくいものです。

例えば、経営者がギャンブルに嵌って会社のお金を使い込んでいるとか、事件・事故を起こしたなどマイナス要因になります。

また、「融資の5原則」と言われるものがあり、その1つに「公共性」があります。会社が悪質な法令違反をしたり、反社会勢力と関係を持ったりすれば、融資は出なくなる可能性があるのです。

元々融資が出ていたということは、以前は「公共性」を満たしていたが、新たに違反を発生したか、発見されたということになります。

外部要因以外はすぐに対処して行く

外部要因は、自社ではコントロールができないのですが、②と③は社内の要因なのでコントロールが可能です。③は早めに改善できるものは改善すべきです。

やはり、②の業績をどのように回復させて行くかが融資をスムーズにするためには重要になって来るのです。この部分が「銀行・愛されメソッド」の核になりますので、後半で詳しくお話して行きます。

5 銀行への依存は、恋愛における依存より悪い

融資が出ると安心して「依存」して行く

なぜ、銀行への「依存」がダメなのかをさらに詳しくお話して行きます。設備資金など中長期で使用する資金の融資については、入金されても、そこから設備を購入し、その設備を使ってさらに利益を出して行くことになります。

しかし、厳しい経営状況のときには、一時的な運転資金を借りてその状況から抜け出したいとばかり考えてしまいます。そこで、資金調達をすると「一安心」して気が抜けてしまうのです。

経営を長くしていると、様々な要因でこのような厳しい状況に陥ることはあります。しかし、このような「資金不足↓資金調達↓一安心」の流れを繰り返していると、いつの間にか、「資金調達をして、その資金がある間に、経営を立て直す」と言うことを忘れて、「苦しくなったら借り入れすれば、どうにかなる」と言う、銀行への依存体質になるのです。

前々節で恋愛も銀行取引も似ていて、依存体質は避けるべきと言って来ましたが、実は、銀行への依存のほうが多くの人を巻き込んでしまうので、恋愛関係よりも悪い状況なのです。

銀行への依存の何が悪いのか？

なぜ、依存が悪い状況なのかをまとめると、３つあります。

１つ目が、根本は事業で黒字にならないといけないのに、銀行融資でどうにか経営を続けようとしようと優先順位が狂って来ることです。

２つ目が、この状態を維持するために、決算書をごまかしたり（粉飾したり）、逆に、銀行に媚びてしまったりするようになることです。

３つ目が、依存体質になってしまい、自社で立て直すという自立性が失われてしまうことです。

悪循環に陥り、銀行からの融資も出なくなる

このような状態になると、図表2のように銀行が融資しなくなります。

〔図表2　銀行が融資しなくなるまでの流れ〕

①　業績不振（何らかの理由により業績が悪化）
②　資金繰りに奔走（経営者が資金繰りに追われる）
③　業務に支障をきたす（経営者や役員が資金繰りに奔走しているので、本業に集中することができない）
④　無理な銀行借入を繰り返す（前向きな借入ではなく、赤字資金）
⑤　銀行依存（銀行借入ができると一安心してしまい、依存体質に）
⑥　改善が遅れる（依存しているので、自社で改善する意欲が薄れる）
⑦　決算書が悪くなる（結果として、業績は上向かない）
⑧　銀行からの評価・格付けが下がり続ける（いずれ銀行借入ができなくなる恐れ）
⑨　粉飾や交渉テクニックでごまかそうとする（ウソを付いてでも、銀行借入をしようとしてしまう）
⑩　さらに銀行からの評価・格付けが下がる

⑪ さらに、資金繰りの悪化（資金繰りに気がとられて本業に身が入らない）
⑫ さらに業績の悪化
⑬ 本格的に銀行から見放される（銀行借入ができなくなる）

以上のような悪循環になり、ますます銀行は融資をしなくなって行きます。でも、会社は、過去には「苦しい状況から銀行借入で助かった」という記憶があるので、ますます銀行に依存をして行くことになるのです。

6 「銀行から愛される会社」＝「融資がしたくなる会社」とは

「依存」すれば相手が離れて行く。「自立」すれば魅力的に

想像してみてください。銀行に「依存」せず、逆に、「銀行から愛される」＝「銀行から融資がしたくなる会社」は、どのような会社なのでしょうか。

結論を言ってしまえば「悪循環を断ち切る覚悟を決め、好循環にして行ける会社になる」ことで銀行から愛される会社になるのです。

「銀行・愛されメソッド」と聞くと「ああ、銀行員との交渉の仕方ね」とか「決算書をどのようによく見せるか？」とか「融資の出やすい事業計画書のつくり方ね」と思われる方もいるかも知れません。

しかし、ここまで読んでいただいたらわかると思いますが、「銀行との交渉」も「決算書をよく見る方法」も「事業計画書のつくり方」も必要ではあるけれど、そこだけに注力していては、銀行依存状態からの脱出＝悪循環を断つことは難しいのです。悪循環を断ち、好循環をつくって行くためには、自立した会社になるしかないのです。

覚悟を決めて、好循環をつくって行く

では、どうしたら自立する会社になるのでしょうか。

図表2の悪循環の流れをもう一度、思い出してください。「①業績不振」→「②資金繰りに奔走」→「③業務に支障をきたす」→「④無理な資金調達の繰り返し」→「⑤銀行依存」→「⑥改善が遅れる」→「⑦決算書が悪くなる」→「⑧銀行からの評価が下がり続ける」→「⑨粉飾ややテクニックでごまかす」→「⑩さらに銀行の評価・格付けが下がる」→「⑪さらに資金繰りの悪化」→「⑫さらに業績不振」→「⑬本格的に銀行から見放される」です。

見てのとおり、悪循環の根本は、「業績不振」です。銀行対策とは、本来は、銀行との戦いではありません。自社内で業績を回復させて行く流れをつくって行くことなのです。

7　今から「銀行から愛される会社」になることはできるのか？

経営を諦めない限りは、いつでも改善することはできる

銀行は、「雨の日に傘を貸さずに、晴れの日に貸す」といわれます。しかし、銀行は営利企業なので、リスクのあることは回避して、利益の出やすいことに注力するのは、他の一般企業となんら変わらないのです。

つまりは、自社が「雨の日の状態」＝「悪循環の状態」をつくっているので、銀行のせいにはできません。

逆を言えば、「晴れの日の状態」＝「好循環の状態」にすれば銀行から魅力的な会社と思われるのです。その状態は、今からでも取り組めばどの会社でもできます。といっても、時間が掛かるので、早めに取り組むほうがいいのです。

好循環の状態とは、図表3のとおりです。

〔図表3　好循環の流れ〕

①　悪循環を断ち切る覚悟を決める

②　緊急の資金繰りを改善させ安定させる
③　中長期的な視点で事業を見直す
④　経営理念・経営戦略・経営戦術を立案＝ビジネスモデルの改善
⑤　それらを事業計画書にする
⑥　その事業計画書を実行する
⑦　計画と実行を振り返り、次に活かす
⑧　業績の回復
⑨　決算書の良化＝格付けの良化
⑩　銀行との取引の健全化

気づいた方もいると思いますが、先ほどの通り「交渉の仕方」とか「決算書をよく見せる」とか「事業計画書の作成方法」は好循環の中でも重要ですが、これだけが一人歩きしても意味がないのです。流れの中で必要性が出て来るのであって、それ単独ではよくなることはありません。

そして、この好循環を回していくことで「雨の日」の状態から「晴れの日」に改善していき、銀行から「いつでも傘を借りられる状態」をつくっていくことになります。

では、早速、具体的なお話に入って行きます。

第2章　なぜ、「資金調達ができない＝銀行に愛されていない」のか？

1　銀行融資を知りたければ、お金を貸す立場になってみる

そもそも銀行は何を見て融資を決めるのか？

もう一度、思い出してください。銀行が、融資をするかどうかをどのように決めているのでしょうか。単純にいえば、「貸した資金を会社がちゃんと返済して利息を払ってくれるかどうか？＝銀行が儲かるかどうか？」でした。

これをわかりやすくするために、「自分自身がお金を貸す立場だったらどうするか？」を、先ほどの想像と別の角度から想像して見ましょう。

先ほどの例では、登場人物は、「自分勝手な友人」でした。今度の登場人物は、「誠実な知り合い」です。

しかも、たまたま、今、手元に余剰のお金があって、お金を貸してもいい状態だという前提です。そして、その知り合いから「お金を貸して欲しい」と誠実にお願いされた場合を想像してください。

どのような状態、もしくはどのようことを知れば、お金を貸すでしょうか。昔からの友人で「この人なら返済しなくても許せる」という人は別として、返済ができるかどうかわからない人にお金を貸しません。ということは、まずは相手の状態を知りたいはずです。

「貸したお金の返済をできるだけの収入はあるか？」

「もし、返済が滞った場合に、それをカバーできるだけの財産を持っているか？」

「今後も継続的に収入は発生するか？」

などを聴いておくはずです。

銀行も、貸す相手のことを知りたい

例えば、年収が1，０００万円であるなら、１００万円くらいならどうにか返せるかなと思うかもしれません。それでも、返済ができない場合、車や家などを売って、お金をつくることができるかなと思うかもしれません。

さらに、過去、1，０００万円の収入があっても、今後の収入がゼロ円になってしまうのであれば、返せないかもしれません。よって、今後の収入の見通しも知りたいはずです。

このように、「あなたが誰かにお金を貸すケース」を想定すると、「銀行が会社に融資をするケース」も想定しやすくなります。


銀行も、ちゃんと資金を返せる会社かどうかを知るために、

「返済ができるだけの収入はあるか？」

「返済が滞った場合に、それをカバーできる財産を持っているか？」

「今後も継続的に収入は発生するか？」を知りたいのです。

だからこそ、「過去の収入の状況」は「決算書の損益計算書（ＰＬ）」でわかりますし、「財産の状況」は「決算書の貸借対照表（ＢＳ）」でわかります。

だから、銀行は決算書を重視するし、いざというときのために財産（資産）を担保にすることになります。

しかし、「将来継続的に収入があるかどうか？」は決算書には書いてありません。決算書はあくまで過去の情報だからです。よって、将来の状況を知るために「事業計画書」と「資金繰り表」が必要となります。

このように「お金を貸す立場」になって考えると、銀行が何を見て融資を決めているかがわかるようになります。さらに言えば、融資をしやすくするための方法も「ここ」にあります（図表4）。

つまり、決算書が「お金を貸しても大丈夫」な状態であり、事業計画書・資金繰り表が「ちゃんと返済・利息の支払いをして行くと想像できる」状態であれば融資をするのです。

銀行融資を受ける仕組みは至って簡単

「これ」がわかっていると、銀行からの融資は簡単になります。決算書というのは、業績の結果「損益計算書（ＰＬ）」であり、その積み重ね「貸借対照表（ＢＳ）」であるので、その決算書をよくす

〔図表４　決算書（ＰＬとＢＳ）、事業計画書、資金繰り表〕

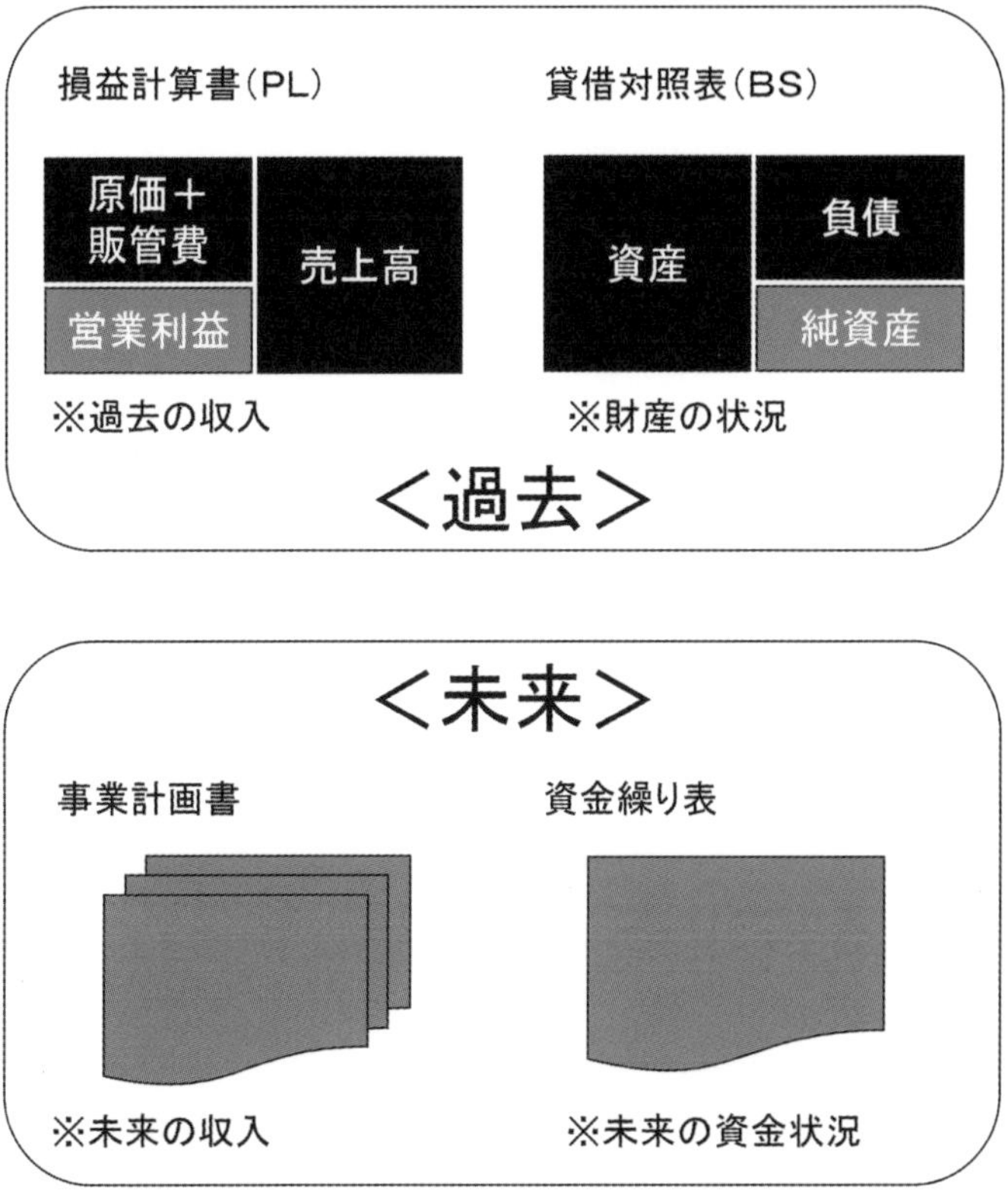

※ポイント
　お金を貸す側(銀行)からすると、「過去」と「未来」の両方を知りたい

るには、経営理念を再確認し、経営戦略をしっかりと立案し、それを行動計画にした事業計画書に基づいて、行動をして行くことで、業績をよくして行くことになります。

順番を間違えてはいけません。事業計画書に基づいて、行動することによって売上、利益が上がり、結果として、決算書をよくして行くのです。

これを短期的な視点でしか見ないと「決算書をよく見せる方法」として、粉飾決算、もしくは粉飾決算紛いのことをしてしまいます。

粉飾決算を決してしてはいけない理由

粉飾決算は絶対にしてはいけません。決算書をたくさん見ている立場からすると、ちょっとしただけでも粉飾決算は、ほぼわかります。つまり、粉飾決算をして騙そうとしても、見る人が見ればすぐにわかるのです。

そして、粉飾決算は、法令違反ですので、銀行は融資した資金の一括弁済を求めることもできますし、悪質な場合、訴えることもありえます。

「銀行を、必要以上に、恐れることはない」とはいっていますが、それは通常取引をしている場合のみです。どんなに追い込まれて法令違反をしていいはずがありません。

「何を固いこと言っているんだ。多かれ少なかれ粉飾なんて皆、している」という方もいますが、粉飾決算の本当の問題は、銀行や外部を騙すことだけではなく「自分自身も騙すこと」です。

特に中小企業の場合、経営指標を作成する体制が整っていないので、決算書（もしくは毎月の試算表）が経営指標となることが多いはずです。その経営指標が、粉飾されているので、経営実態を把握することができないのです。もしくは、粉飾しすぎて感覚が麻痺して、その決算書が正しいと思い込んでしまいます。

この状態で、まともに経営判断ができるはずはありません。銀行など外部に発覚するか、発覚しなくても、その前に、経営が行き詰ってしまいます。

銀行融資のためだけの事業計画書をつくるとどうなるのか？

また、事業計画書も、「銀行の融資のためだけ」に作成すると、形だけの事業計画書になってしまいます。すると、経営戦略はバラバラで行動計画まで落としこまれていないので実行することができず、業績を回復することができません。

また、銀行のためだけの事業計画書を作成している会社は、「何とか誤魔化そう」と言う意識が強く、後々は、粉飾決算もしてしまう可能性が高くなります。

事業計画書というものは、将来のことだけを書くものではありません。「過去」の状況を踏まえた「現状」からどのように「将来に向かって成長して行くか？」を表すものです。粉飾決算をしているということは、この「過去」も「現状」も正確ではないということです。

つまり、この状態では、そもそも質の高い事業計画書自体が作成できないはずなのです。これでは、業績回復せず、粉飾決算が発覚しなくても、いずれ銀行からも見放されて行くのです。

銀行取引を難しくしているのは、短期的な視点

次のような状況がいいかどうか考えてみてください。

(1) 決算書を形だけよく見せる（粉飾決算）。

(2) 事業計画書を形だけよく見せる（行動に繋がらない）。

(3) 何となく、銀行借入ができた。

これでは、残念ながら、一時的に資金調達ができたとしても、業績回復はできないので、いずれ、粉飾しても形だけの事業計画書をつくっても銀行は相手にしなくなるのです。

そうならないためには、次のようにして行くべきです。

(1) 経営理念を再確認し、経営戦略を立案し事業計画書に落とす（ストーリー性のある上質なドラマのような）。

(2) その事業計画書を実行する。

(3) 業績が回復し、決算書が改善する。

(4)　銀行内の格付けがよくなる。
(5)　銀行取引がスムーズになる。

この流れにして行くべきです。

短期的な視点だけで、「まず、銀行借入さえできればよい」と思っていると、中長期で見るとマイナスにしかならないのです。

例えば、私は学生時代、サイクリング部で全国を自転車で走っていました。夏合宿で北海道を、自転車旅をしていたときの話です。後輩の1人が、「お金がもったいない」からといって、ろくにご飯も食べず、スポーツドリンクも飲まず、水ばかり飲んでいました。短期的な視点で「お金を節約したつもり」だったようですが、北海道とはいえ炎天下の中、自転車で走っていて、熱中症になりかけて病院に行く羽目になりました。結局、病院代やその後、タクシー移動を余儀なくされ、余計にお金が掛かってしまったのです。

経営者ですので、こんな例を出すまでもないですが、短期的な視点だけで判断せず、中長期的な視点で見るべきなのです。

そのためには、「本当は、どうなりたいのか？」と言う質問を自分自身にすると中長期的な視点で見るようになります。短期的な視野だと「本来のなりたい姿」とはかけ離れているのに気づきます。また、中長期的な視野だからこそ、「なりたい状態」に向かって行けるのです。

2　なぜ、あなたの会社は銀行に信頼されないのか？

銀行の融資判断基準が変わってきている

銀行が、融資判断をするときに重きを置くのは、「決算書」のよし悪しと「担保」の有無です。これが長年、銀行の融資スタンスでした。銀行が付ける各取引企業の「格付け」もほぼこれが基になっていました。

本来であれば、株式投資のように「この会社の事業の将来性も含めて融資判断をする」べきでした。でも、日本の金融を支えている存在なので、一時期、不良債権が多く出たこともあり、リスクの高い融資を避けざるを得ない状況があり、慎重な判断をしていました。

しかし、ここ最近は、金融庁も「事業性評価」＝「決算書や担保のみではなく事業性・将来性も含めて融資判断」をしようという流れになって来ました。

これは、「決算書が悪かったり、担保がなかったりしても将来性だけあれば融資をする」という意味ではなく、「決算書と担保の有無だけで判断しないで、事業性も評価に入れて融資判断をする」ということです。

すごく単純化した例え話をすると、「決算書は悪過ぎないが、今までだったら融資をできるかどうかギリギリな決算書だけど、事業性・将来性があるから融資しよう」となりつつあるということです。

言い換えると、事業計画書の重要性が高まって来ているといえます。

でも、ここが難しいところでもあります。銀行も今まで将来性を見て判断をするウェイトが低かったものが、ウェイトが高まって、判断の難易度が高くなっているのです。つまり、投資家レベルの「目利き」が求められるようになって行きます。

また、会社側も今までは、融資の際に事業計画書がなくても融資が出たり、もし作成したとしても、銀行内の稟議で辻褄が合えばいいというレベルだったりしたものが、上場企業レベルまでとは行かないまでも、それに近いレベルにしたほうがよくなって来つつあるのです。

事業計画書の重要性が増して行く

よって、今までの感覚で「銀行融資に強い」とか「補助金の事業計画書を通過して来た」レベルでは逆に融資は出なくなる可能性もあります。

私自身は、銀行からの資金調達も行って来ましたが、証券市場からの調達も行って来ました。銀行からの調達は、相手が金融のプロですし、銀行担当者からの立場から見れば、どちらかと言うと、営業成績のこともあるので、ある意味、筋が通っていれば銀行は資金を貸したいほうなのです。

しかし、一般の投資家のいる証券市場での資金調達は、「正確な情報であるだけでなく、投資家にとってわかりやすく十分に利益が出ることを伝える」必要があります。そう言った意味では、今後、さらに本当の意味での「事業計画書」（前述したような、見かけだけの計画書ではなく、実行することができて、業績が回復することができる計画書）の重要性が増して行きます。

なぜ、あなたの会社は銀行から信頼されにくいのか？

では、「なぜあなたの会社が銀行から信頼されにくいのか？」を具体的に見て行きます。先ほどのとおり、今まで、銀行は過去の決算書および担保を中心に見て来ました。日本の会社の6～7割は赤字決算だという話もあるくらいなので、どうしても銀行は融資に慎重になります。そして、事業計画書も、実行されないような計画書が出てきても、それに対して、突っ込みを入れるところまでしていなかったのです。

私自身が作成に関わっていない他社の事業計画書もたくさん見る機会があります。それらの中には、そもそも「辻褄が合っていない」ものや「この売上を目指すんだという何の根拠も示されていない、将来の数字だけ」のものなどもありました。これではさすがに銀行も突っ込みを入れるでしょうが、銀行融資が出た計画書や補助金が出た計画書を見ても、「これで本当に計画書どおりに実行ができるのか？」という「形」のみ立派なものも多くあります。

会社経営が一時的なものであれば、「融資が出ればいい」「補助金が出ればいい」ですが、会社とは、長期的に存続し続けるべきものである以上、その資金が活用されなければ意味はないのです。意味がないどころか、融資であれば返済と利息の支払いがあるので、融資によって利益を出さなければ、赤字になります。また、補助金でも、対象事業への税金の投入ですので、それを活かさないのは、目的から外れてしまいます。つまり、その後の経営に関してはマイナスの影響を及ぼす可能性もあるのです。

残念ながら、今までは、それでも融資や補助金が出ていたので、短期的には問題がなさそう見えていたのですが、今後はそうは行きません。

銀行も、最低限はクリアしているので、融資を出しているけれど、本当に、これで成長していけるのかが確信が持てないのです。そして、融資後、1年、2年と経って、その計画を振り返って、事業計画が達成されていないので、信用が下がって行き、最終的には信用されなくなって行く（＝銀行融資が出なくなって行く）のです。

事業計画書で、銀行から信頼を高める

逆を言えば、事業計画書がしっかりできていると、信用性が高まります。

「エレベーターピッチ」という言葉があります。これは、「エレベーターに乗っている1分くらい

の短い時間で自社のよい点を伝えて、投資まで繋げる」という例え話です。本当に1分で「自社のよさ」を伝えることができるかどうかは難しいと思いますが、事業計画書の本質はここにあります。

数字だけの計画書や分析手法満載でも「よさ」が伝わってこない事業計画書、分量と形だけ素晴らしいけれど本質を表していない事業計画書では何も伝わりません。

本当は、短かろうが、文章は下手だろうが、相手が「この会社は魅力的だ＝投資、融資をしたい」と思える事業計画書が求められているのです。

つまり、本物の計画書があれば、「よさ」が伝えることができるのです。

経営が上手くいっている経営者も「ドラえもん」と同じ

では、どうすれば事業計画書を経営に活かして行くことができるのでしょうか？

これは、資金調達の例え話と同じです。

「経営が上手くいっている経営者はドラえもんと同じ」という話です。先ほどの「資金調達が得意な経営者はドラえもんと同じ」といっていましたが、資金調達だけでなく、実際の経営も上手く行くのです。

経営が上手くいっている会社の経営者は、資金調達のためだけに未来を語るだけでなく、実際の経営でも、ドラえもんのタイムマシーンと同様に、「過去」「現在」「未来」を行き来して経営を行って行きます。そして、語った未来を実際に実現して行くのです。

それは、「過去」に戻って、今まで行って来たことを振り返り、「現状」を把握し分析し、「未来」の顧客の状況、自社の状況をありありと想像し、実現させて行くという流れです。「過去」「現状」「未来」が一本の線で繋がっているので、何をどう行動したら「語った未来像」を実現できるかわかっています。

例えば、幼稚園児の夢なら「プロ野球選手になりたい」といっても、まだ「夢のまた夢」で具体的な行動計画はなくても大丈夫かもしれません。

しかし、中学生、高校生くらいになったら、どのようにしたらプロ野球選手になれるかの計画を立てていかないと「ただの夢」になってしまうのです。別に現状と夢のギャップがあってもいいのです。そのギャップを埋める努力を具体的に、どのようにして行くかが重要なのです。

経営でも、過去、現状と未来像のギャップをどのような行動計画で埋めて行くかがしっかりと想像ができると、事業計画書の信憑性が高まって行きます。

そして、それを見た従業員が行動に移すことができるし、銀行は融資をしても返済・利息の支払いができると確信することができるのです。

これが、先ほどから言っている、数値だけの計画、未来像だけの計画、分析だけの計画、形だけの計画では行動までできないので、信頼を失って行くのです。

経営が上手く行くというのは、どんな企業でも同じです。「今、資金繰りが厳しい会社」でも「赤字の会社」でも「成長中の会社」でも「上場企業」でも、スタート地点は違っても、過去、現状を踏まえて、「この会社はどうなりたいのか？」「この会社をどうして行くのか？」が明確になっていることなのです。

3 「銀行・愛されメソッド」は「お客様・愛されメソッド」でもある理由とは

業績の悪化はお客様の変化に気づかないこと

「銀行が見放す会社」とは、見方を変えると「業績が悪い会社」です。今まで、お話して来たように、銀行は返済・利息の支払いをしてくれる会社にしか融資を出しません。それは言い換えれば、融資を出すのは、過去の決算書がよくて、将来の事業計画書が信用できる会社です。

では、なぜ、業績が悪化するのでしょうか？

それは、「お客様が購入してくれないから」です。起業したばかりで売上が悪い場合は、そもそもお客様が居ない可能性があります。

しかし、ある程度以上、継続して経営をしている会社の業績が悪化する理由は、「お客様の変化に気づいていない」からです。

お客様の変化と言っても様々な変化がありますが、ここでは３つほど例をあげます。

①お客様自身の変化

お客様自身が変化をして行くことはよくあることです。

例えば、経営者自身が20代で、20代向けの古着屋さんをしているとします。自分も、お客様も年齢を重ねて経営者が、30代になって行きます。

問題なのは、そのときに、「そのまま同年代をお客様として見るのか？」、「新しい20代をお客様として見るのか？」です。

この例では、客観的に見ているので、どちらかを選ばないと仕入商品やお店の雰囲気をどうして行くかを決定することができないとわかります。

しかし、実際には、年齢は徐々に変化して行くので、「気づかないうち＝対応しないうち」に業績が下がってしまうことになります。

②お客様の意識の変化

お客様の意識の変化もあります。

例えば、今まで「外食したほうが自分で料理するより楽であるし、美味しい」と思っていた人が、コロナ禍に自分で調理することに目覚めて「食材の買い出しも楽しいし、料理も好きになった」と意識が変わって来ることがあります。これが一時的ならいいですが、永続的に変わる可能性もあります。

この例のコロナ禍のように、影響がわかりやすいと対応をすることができるかも知れません。しかし、意識自体の変化は、外部からは見えにくいので多くの場合、気づかないまま、対応ができずに業績が下がって行きます。

③お客様の周りの環境の変化

お客様の環境の変化もあります。

例えば、ラーメン好きな人が家から歩いて行ける範囲に1軒のみしかなければ、そこに行きます。しかし、別の店ができたらどうでしょうか。元々のお店に行く回数が減ったり、ゼロになったりすることもあります。この例は、目に見えてわかりやすいですが、実際は知らないまま、競合他社の商品・サービスに売上を奪われていることもあります。

あなたの会社のお客様は誰ですか?

ここで一番の問題は、お客様の変化することによって、対象としているお客様自体が変わってしまうことです。つまり、「この人が当社のお客様」と思っていた人が変わってしまっている可能性があるのです。お客様が変われば、売上を上げる先も変わってしまいます。つまり、業績を回復させるためには、そもそも「今のお客様」を再定義しないといけないのです。

実は、この「お客様の定義」もしくは「お客様の再定義」をすることがすべてのスタートです。スタートなので、ここを間違えると、その後は、いくら、最新のビジネスモデルを考えても、マーケティング手法を考えても、営業を頑張っても結果が伴わない（＝売上も利益も上がらない）のです。

このようにお話すると「自社のお客様が誰かなんて、経営をしていてわからないはずない」と言われることもあります。

しかし、お客様の変化は急激に起きるばかりではなく、緩やかに変化して行くので気づきにくいのです。

例えば、「いつ、冬から春に変化するのか？」と言われて、カレンダー上は「この日」と答えられます。

しかし、実際は「暖房を入れなくても、暖かくなったな」とか「梅の花が咲き始めたな」と言うように徐々に変化して行きます。自然の変化に敏感な方や天気予報をよく見る方は、気づきやすいのですが、意外と気づかずに風邪を引く方も多くいるのです。

風邪を引いてから気づいても遅いように、売上が下がって来てから気づいてもなかなか回復しにくいのです。

よって、お客様の変化を常に意識しておく必要があります。また、それでも気づかない可能性をカバーするためにも、毎期の事業計画書を作成する際に、「お客様の定義」「再定義」からするべきなのです。

お客様のことを徹底的に知って「お客様から愛される会社」へ

お客様が明確になった時点で、そのお客様の持っている「不安」「不満」などを取り除く商品やサービスを提供することが会社の役割です。もちろん、提供することで売上が生まれます。

見方を変えれば「お客様が誰か?」そして「そのお客様の不安・不満＝ニーズは何か?」などがわかっていないと売上は生まれません。だからこそ、すごく当たり前の「お客様は誰か?」ということを、クドイくらい再定義をするべきなのです。

ここでまた「確かにお客様が変化をするけど、そんなことに気づかないのは中小企業だから」と思われる方もいます。

しかし、「上場準備をしている成長企業」または「すでに上場している企業」にも多く関わって来た経験からすると。これらの会社も「お客様を見失って失速する」ことがあります。

これは、大きな成功をしている会社ほど、その「成功体験」に囚われて、変化をしたがらない傾向があるからです。

経営者も従業員も、お客様の変化に薄々、気づいてはいるものの「まあ、今、調子がよいから改善しなくてもいいかな」と問題を先延ばしにしてしまいがちです。

特に、早い段階で、現場に近い従業員たちは「何かが変だ」とか「何かを変えないと」と気づいていることが多いです。しかし、過去の成功体験があるがゆえに、「過去、現状を否定するような発言」を避けてしまうのです。そして、大きな問題になるまで、誰も言い出せず、対応が遅れてしまいます。

それを防ぐには、「お客様は誰か？」「お客様の持っている不安・不満などは何か？」「お客様の意識、行動はどのようなものか？」と徹底的にお客様のことを知ることです。売上、利益の源泉はすべてお客様から出るので、このスタートが最重要なのです。

それからスタートすることによって「お客様のニーズ」が明確になり。提供する商品・サービスも明確になって行きます。つまり、お客様のニーズにぴったり合う価値を提供することができるようになります。

言い換えると、「お客様から愛される会社」になることで「売上・利益」が上がります。再び、銀行が融資する会社はどんな会社かというと、「売上・利益」が上がってスムーズに返済・利息の支払いをしてくれる会社です。つまり、「銀行・愛されメソッド」は「お客様・愛されメソッド」でもあるのです。

4　自社の「よさ」を銀行・お客様にどう伝えるのか？

お客様から選ばれる会社、選ばれない会社の違いとは

自社のお客様を定義または再定義することはゴールではなく、スタートです。それは、お客様が明確になったからと言って、それだけで売上が上がるわけではないからです。

「お客様は常に、よりよいものを求めています。言い換えると、「A社の商品がよいか、B社の商品がよいか」と選択をしています。その選択をしてもらえなければ売上に繋がりません。つまり、自社の「よさ」を伝えないと他社に売上を奪われます。

ここでも注意点があります。「よさ」はお客様にとっての「よさ」であり、独りよがりの「よさ」では意味はないということです。いくら「この商品はすごい」「このサービスは他にはない」といっても、それが「そもそもニーズと合致していない」のであれば売上に繋がりません。

そこで、自社の「よさ」＝お客様にとっての「よさ」がどこにあるのかを徹底的に分析して行きます。お客様のことを徹底的に知ったように、自社のことを知らないと「よさ」はわかりません。自社の経営資源を棚卸していき、自社が他社のより優れている部分を探して行きます。

なお、経営用語で「ＳＷＯＴ分析」というものがあり、自社の「強み（Ｓ）」「弱み（Ｗ）」「機会

（ｏ）」「脅威（ｔ）」を分析する手法があります。

ＳＷＯＴ分析とは

この「ＳＷＯＴ分析」によって、「なぜ、自社が支持されるのか？」または「なぜ、他社が支持されるのか？」がわかります。

例えば、お客様のニーズが「多機能なスマートフォンが欲しい」というものなら、多機能なスマートフォンを独占的に仕入れることが「強み」になります。逆に、お客様のニーズが「簡単に操作できるスマートフォンが欲しい」ならば多機能なスマートフォンしか仕入れなければ、それは「弱み」になります。

ここで注意すべきは、ＳＷＯＴ分析は自社の経営資源や能力について分析して行くものですが、「強み」「弱み」はお客様のニーズによって変わってしまうことです。なぜ、初めにクドクドと「お客様の定義、再定義」の必要性を訴えて来たかというと、これによって、「強み」（売上を伸ばす方法」も「弱み」（売上が伸びない原因）も決まって来るからです。

なお、本書では、「ＳＷＯＴ分析」でいう「強み」を「会社のよさ」と言い換えています。基本は同じですので、どちらを使ってもいいのですが、「強み」というと会社からの視点ですので、「銀行・愛されメソッド」では、お客様からの視点を大切にしているので、「よさ」を中心に使います（※

ＳＷＯＴ分析の話の場合は、「強み」を使っております)。

話を戻しまして、お客様の「ニーズ」と会社の「よさ」が合致しているはずでも「よさ」を伝え切れなければ売上に繋がりません。

ここで、私が経験した「いくらよいサービスでも告知されなければ売れない事例」をお話しします。

知り合いの飲食店で「周年記念」の目玉商品として「1円でビールを提供」をしました。当日、行ってみると、「日程を間違えたのか？」と思うほど、ガラガラでした。話を聴くと、直前まで何を目玉商品にするか迷っていて、「1円ビール」と決めたのが直前だったらしいのです。よって、告知が行き渡らず、たまたま来店したお客様にしか提供できなかったのです。

このようにニーズと合致しても「よさ」が伝わってないと売上には繋がらないのです。

経営戦術（狭義のビジネスモデル）の検討をする

では、どのように「よさ」をどのように提供し、どのように伝えて売上に結び付けていくかを考えて行きましょう。

これは、「経営戦術をどうしていくか？」であり「狭義のビジネスモデルをどうして行くか？」です。経営全体を見渡して、「会社全体の儲かる仕組み」をつくっていくことが「経営戦略」であり「広義のビジネスモデル」です。その経営戦略を実行する手段が経営戦術です。なお、経営戦略と経営戦術の違いは著書の『会社の売上を伸ばしたければ　社長は現場に出るな！』（ＫＡＤＯＫＡＷＡ・中経出版）にて詳しくお話しているので、こちらも参考にしてください。

経営戦術（狭義のビジネスモデル）は、様々な方法があったり、事例も豊富であったりするので、「これをやってみよう」とか、「あれがよいではないか？」とか考え始めると面白いのですが、あくまで手段であることを忘れてはいけません。

例えば、「サブスクで売ろうか？」「フリーミアムをしてみようか？」「マッチングビジネスを試してみようか？」などです。あくまで手段なので、目的を忘れてはいけません。

目的は、お客様のニーズを満たして売上・利益を上げることです。経営戦術（狭義のビジネスモデル）を何にするかが目的ではなりません。

例えば、ダイエットの目的は「健康を保つため」だったり、「異性にモテるため」であったりします。手段であるはずの「〇〇ダイエット方法」で痩せることではありません。手段を目的化してしまうと、その手段が自分に合っていないだけなのに、目的も諦めてしまうことになってしまいます。

ゆえに、「〇〇ダイエット方法」（手段）が自分に合わなければ、ダイエット自体（目的）を諦めるのではなく、別のダイエット方法（手段）を探して、目的を達成させればいいのです。

経営戦術（狭義のビジネスモデル）を選択する

経営も「売上・利益を上げる目的」のための手段が経営戦術（狭義のビジネスモデル）なので、やってみた経営戦術で結果が出なければ、別の手段を選ぶだけなのです。

よって、どの経営戦術（狭義のビジネスモデル）を選ぶかを、経営全体像でみて（俯瞰して）決めてくのが経営戦略（広義のビジネスモデル）です。

つまり、経営の全体像（お客様は誰で、そのお客様にニーズは何で、そのニーズを満たす自社の商品・サービスは何で、それをどんな手段で提供・伝えるのか？）を戦略的に考えて行きます。この戦略的に全体を考え、その手段を決めることで、お客様へ「よさ」を伝えることができるのです。

5　「お金を集める」には自社の「儲かる仕組み」の改善に注力すべし

「儲かる仕組み」を改善する方法とは

「お金を集める」には、銀行ばかり見ていてもダメということがわかって来たと思います。売上・利益が上がる＝「儲かる会社」にして行くことが必要となります。銀行が融資を渋っているであれば、この「会社の儲かる仕組み」を改善して行くことが遠回りのようで、近道になります。銀行から魅力的に見える会社とは、この「儲かる仕組み」ができている会社なのですから。

つまりは、「儲かる仕組み＝広義のビジネスモデル」が儲かる状態になっているかどうかです。

損益計算書（ＰＬ）のボックス図を思い出してください。右側が「売上」で、左側に「費用」を書きます。そして「売上」と「費用」の差額が「利益」です。

この「利益」を増やすには、「売上を伸ばすか」「費用を減らすか」しかありません。

でも、これだけを見ても、どこを改善すれば、「利益」が残るのかがわかりません。決算書の数字だけ見ても、経営戦略は立案することはできないのです。

では、どうするか？

今まで見て来た「お客様は誰か？」「そのお客様のニーズは何か？」「そのニーズを満たすための商品は何か？　そして、当社のよさは何か？」「そのよさをお客様に伝える方法、商品を提供する方法は何か？（狭義のビジネスモデルは何か？）」までのすべてを考えていくことが、「儲かる仕組み（広義のビジネスモデル）」をつくることになります。

「銀行・愛されメソッド」はこの「儲かる仕組み（広義のビジネスモデル）」をつくることによって、銀行から愛される会社になる方法なのです。

「銀行借入」は「しっかりビジネスモデルを構築すること」を意識する

さらに銀行借入をするために必要なのは、銀行が「融資した資金がしっかり返済され、利息が払える状態」だとイメージできるかどうかです。事業計画書で「当社は○○円の売上を上げます」と言っても信用されません。

しかし、お客様とそのニーズが明確になり、「よさ」を活かし伝えて競合他社より優位に立つことにより、売上が上がるという「儲かる仕組み」ができていると、「この会社は儲かる＝融資しても大丈夫」と判断ができるようになります。

このように、「儲かる仕組み（広義のビジネスモデル）」をしっかりつくり上げ、それを事業計画書にして行くことによって、貸す側（銀行）が具体的にイメージできるようになれば、安心感に繋がって行きます。

例えば、狭義のビジネスモデルの改善を目指して、「サブスク（サブスクリプション）をやろう」と考えます。

これだけでは儲かるかどうかわからない要素が多すぎて、銀行は判断ができません。

しかし、「当社のお客様は一括で購入しているが、一括で購入できない人たちが、一定人数いることはアンケートでわかっている。その人たちは、他社よりレンタルをしており、そのレンタル料より安価でサブスク（定額料金）で提供するので、○○円の売上増を図ることができる」と説明すれば、わかりやすいのです。ニーズも提供する商品も明確なので、儲かるビジネスモデルとなることを銀行も理解し融資につながるのです。

第3章

今日から使える資金調達のための「銀行・愛されメソッド」の全貌

1　銀行から融資を受けるための基本とは

銀行から愛されるには、お客様から愛されること

この章では、前章でお話した「銀行・愛されメソッド」を具体的にどのような手順で考えて行けばよいかを、お話して行きます。

まず、銀行から愛されるには、「売上、利益を上げて、銀行借入もしても返済・利息の支払いがスムーズに進むようにすること」と理解することです。

では、その売上・利益を上げるためには何をして行くのでしょうか？

ここでは、「ランチに行こうかな」と思っている場面を想像してみてください（図表5の上部の図を参照）。

まず、「なぜ、ランチに行こうと思っているのか？」を考えて行きましょう。

「お腹がすいた」という「現状（お腹が満たされていない状態）への不満があるからです。その「お腹がすいた」という不満を「解消したい」という気持ちがあります。それを言い換えると、「ニーズ」となります。

つまり、「ランチを食べて、お腹がすいた状態を解消する」という「ニーズ」があるのです。

〔図表５　上部：例　下部：銀行・愛されメソッド 基本構造図〕

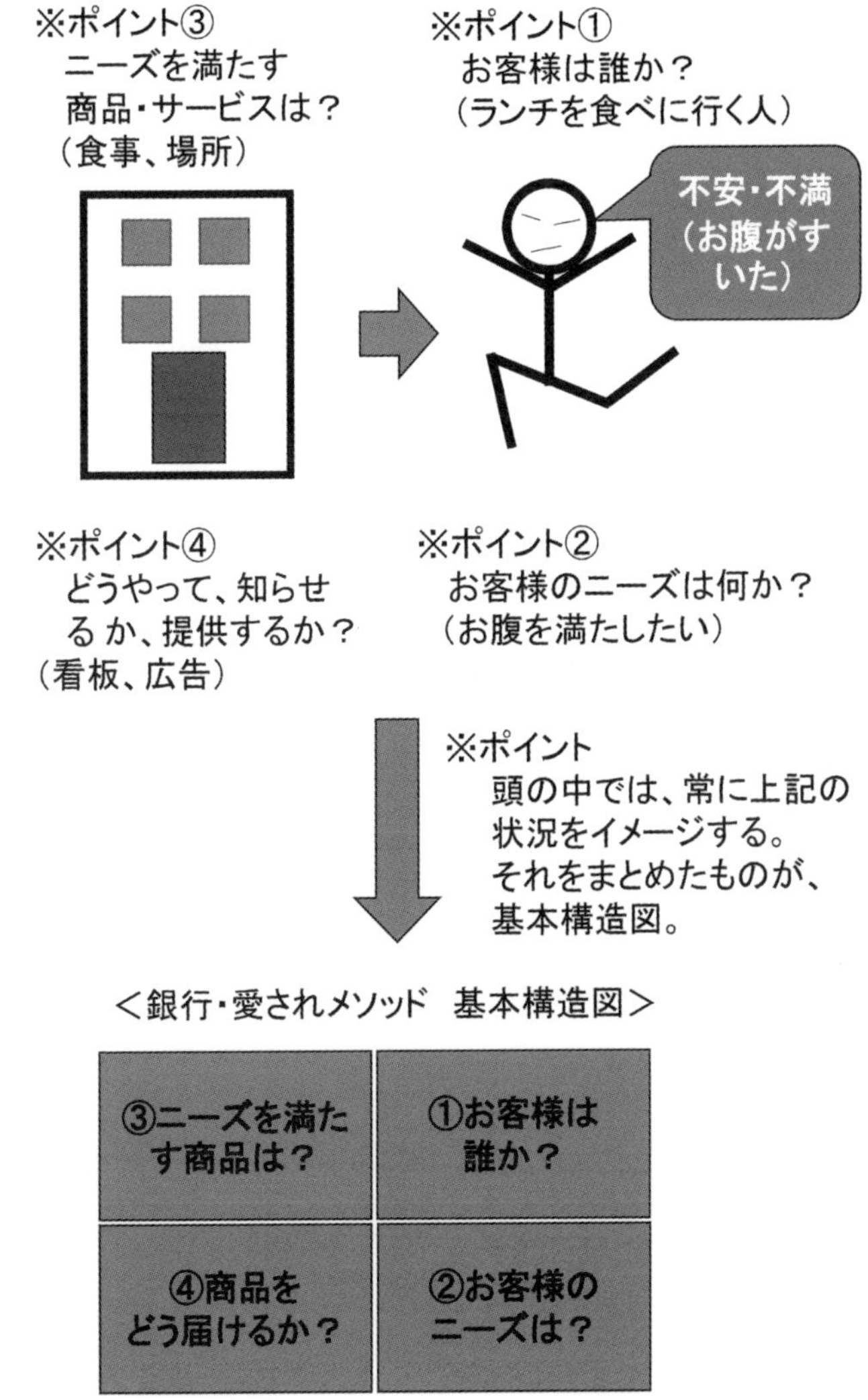
※ポイント③
ニーズを満たす
商品・サービスは？
（食事、場所）
※ポイント①
お客様は誰か？
（ランチを食べに行く人）
不安・不満
（お腹がすいた）
※ポイント④
どうやって、知らせるか、提供するか？
（看板、広告）
※ポイント②
お客様のニーズは何か？
（お腹を満たしたい）
※ポイント
頭の中では、常に上記の
状況をイメージする。
それをまとめたものが、
基本構造図。
＜銀行・愛されメソッド　基本構造図＞
③ニーズを満たす商品は？
①お客様は誰か？
④商品をどう届けるか？
②お客様のニーズは？

そのニーズを満たすために、飲食店は、場所と食事を提供します。また、ただ待っていても来ないので、店頭に看板を出したり、情報誌に広告を出したりします。

(1) お客様は誰か？
(2) 持っている不安・不満は何か？（ニーズ）
(3) そのニーズを満たす商品・サービスは何か？
(4) それをどうやって提供し、どう知らせるか？

この4つが「銀行・愛されメソッドの基本構造図」です（図表5下部の図を参照）。お客様は商品・サービスを受けて、ニーズを満たすことができれば、代金を支払います。これが売上となります。

この売上だけの部分を見ると、構造は簡単です。

以前、大学で簿記の講義を行っていたときのことです。その中の学生の1人が突然、「売上を上げるのって簡単じゃん」と言ったのです。「なぜ？」と聞くと、「だって、1億円の価値のある家を1，000万円で売ればすぐに売上が上がるよね」というのです。

経営者なら「いやいや、そもそもどうやって仕入れるの？　仕入れたとして、営業したり、広告を出さしたりしないと売れないよ」とわかります。しかし、売上部分だけを見れば、学生が言っていることもわかるような気がします。

何が言いたいかというと、売上部分だけを見ても経営は成り立たないということなのです。売上至上主義は時代や業界によって「売上だけに力を入れていれば、利益も付いて来る」場合もあったかもしれません。しかし、通常であれば、売上だけを見ていてはいけないのです。

「銀行・愛されメソッド」は、事業計画書・決算書の攻略方法でもある

図表5の右側（お客様側）で売上は発生するのですが、左側（会社側）で、商品、サービスを提供するためにお金（費用）が掛かります。売上から費用を引いた残りが、利益です。これを図表6にします。右側に売上、左側に費用を書き、その差額が利益です。

ここで考えます。利益を上げるにはどうするのか？　図表6を見てください。利益を上げるためには、「売上を上げるか」「費用を下げる」ことです。数字だけを見て、来年の事業計画を立てようとすると、「売上を5％上げよう」とか「経費削減を2％します」とかが出て来ます。これでは、先ほどの簿記の授業の学生と発想が同じです。「数字だけ」しか見ていないのです。だから、このような事業計画書では銀行から信頼されなくなります。

しかし、図表5の構造がわかっていると、「じゃあ、お客様がどうやってお金を払うのか？」と考えるようになります。左側の費用を掛けないとニーズを満たすことができずに、お客様には買って貰えません。もしかすると、「売上10％上げるには、費用も2％上げたほうがいい」かもしれな

〔図表６　上部部：銀行・愛されメソッド 基本構造図　下部：ＰＬ〕

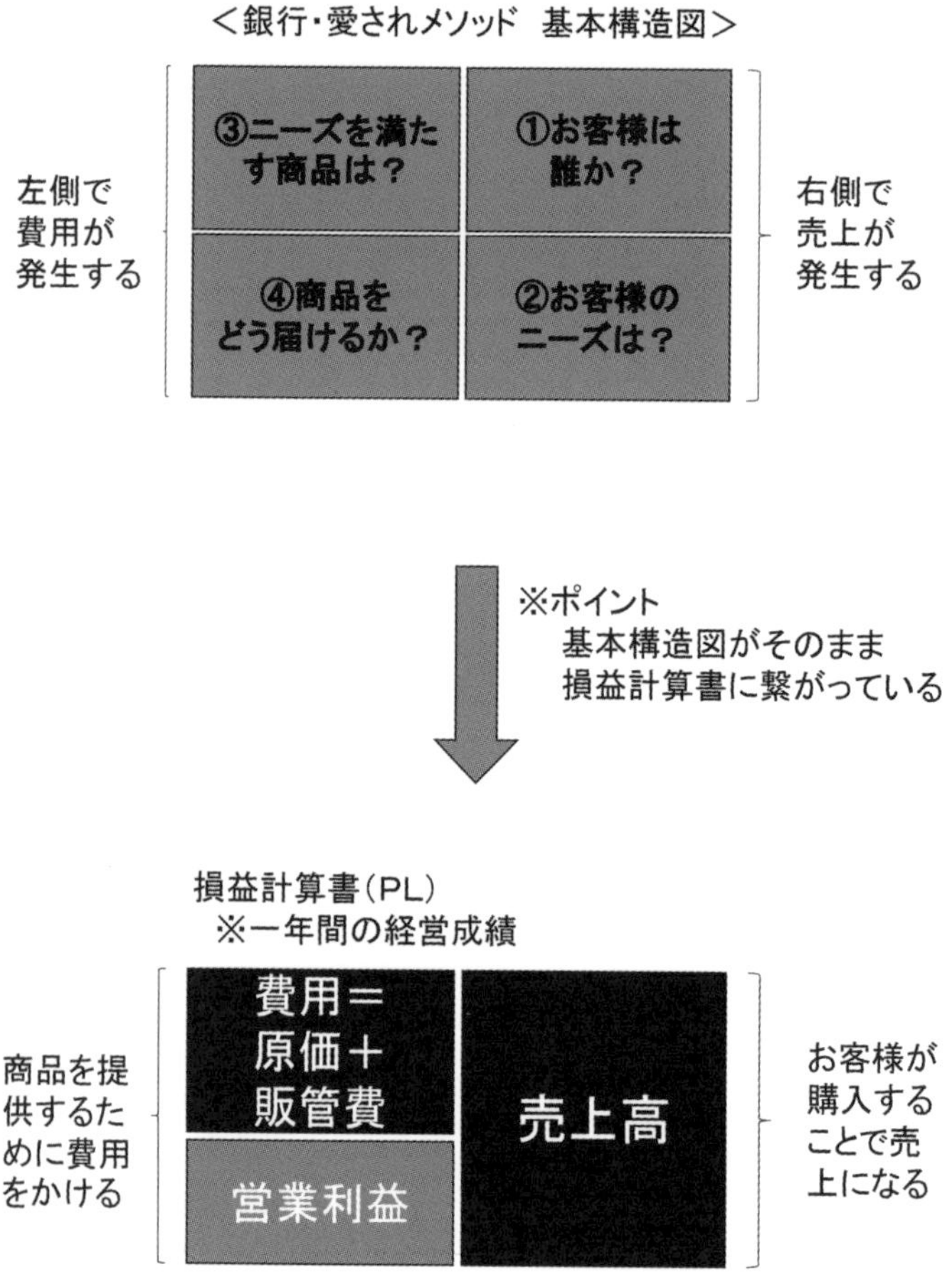
＜銀行・愛されメソッド 基本構造図＞
③ニーズを満たす商品は？
①お客様は誰か？
④商品をどう届けるか？
②お客様のニーズは？
左側で費用が発生する
右側で売上が発生する
※ポイント
基本構造図がそのまま損益計算書に繋がっている
損益計算書（PL）
※一年間の経営成績
費用＝原価＋販管費
営業利益
売上高
商品を提供するために費用をかける
お客様が購入することで売上になる

いのです。逆に「今の状況では売上は昨年と同様なので、経費削減は5％すべき」なのかもしれないのです。

事業計画書を立てるとき、決算書の分析をする際に、図表5・6の「銀行愛されメソッドの基本構造図」をイメージすると、売上と費用、利益のバランスがとりやすくなります。

2　「成長する会社」と「業績が悪化する会社」との違いとは

スタートは「お客様は誰か？」から

ここから具体的に、「銀行・愛されメソッド」を使って、どのようにして融資されやすい会社、もっと言えば、銀行依存しなくてもいい会社になるかをお話して行きます。

ここで問題です。「成長する会社」と「業績が悪化し事業再生が必要な会社」との違いはなんでしょうか？

様々なことが思い浮かぶかもしれません。しかし、ここでは1点に絞って行きます。

ズバリ「お客様は誰か？」が明確になっているかどうかです。

「成長する会社」は「自社のお客様が明確」になっていて、「業績が悪化し事業再生が必要な会社」

は「自社のお客様が不明確」なのです。

「いやいや、どんな会社でも『お客様が誰か？』なんてわからない会社なんてないよ」と思うかもしれません。しかし、成長中の会社、事業再生を取り組む会社をたくさん見ていくと、ここのズレが一番のポイントだと気づきます。

では、ここでワークをしてください。実際に、ペンと紙を使って、図表5・6の「銀行・愛されメソッド　基本構造図」の「お客様は誰か？」を具体的に考え、紙に記入してみてください。

ここでは、自社のお客様をかなり明確に、どんな人かを想定して記入してください。単なるマーケティングを考えるのであれば、「○○層」というようなアバウトな想定お客様でもいいですが、「銀行・愛されメソッド」の場合、想定するお客様を、より具体的にして行きます。

例えば、「大卒20年目の43歳。地方出身で大学から東京へ。東京の新橋に本社を置く、工作機器メーカーの営業担当。1年前に課長に昇進し、今後は、部長、役員と昇進意欲旺盛。家族は、大学の後輩で27歳のときに結婚した奥さんと14歳の男の子の3人家族。千葉県の賃貸マンションに住んでいて、通勤時間は約1時間。趣味は……」と言うように、その人は「こういう人だ」と明確にイメージできるくらいまで想定して行きます。

「そこまで具体的だと偏った広告になったり、商品提供になったりするので、もう少し幅広く考えたほうがいいのでは？」と思われる方もいます。しかし、この後、徹底的に「この人」を分析していきます。そのときに、曖昧な想定ですと、曖昧な分析になります。それでは、売上に繋がらないのです。

逆に言うと、「最近、売上が上がらない」という相談を受けて、「お客様は誰ですか？」というと、「○○層です」と答えが返って来ます。第2章でお話したように、お客様は変化をします。そして、その変化が売上減に繋がって行きます。しかし、「○○層」という曖昧な想定お客様では、変化があっても、その曖昧な幅の中での変化なので、変化に気づけないのです。そして、いつの間にか売上が下がっていき、対応できないほどになってから気づくのです。

よって、このお客様の想定は1回やれば終わりではありません。定期的に繰り返し行うことによって、お客様の変化に素早く対応ができるようになるのです。

お客様のニーズは何か？

お客様を具体的に想定ができたら、その人のニーズを明確にして行きます。ニーズとは、その人が解消したいと思っている不安、不満です。

「現状」と「解消した後」のギャップが不安、不満になり、それを解消したいという気持ちがニーズになります。先ほどの例では、「お腹が満たされていない」という不満を解消して「お腹が満たされた」という状態になることがニーズです。

これを明確にしようとすると、先ほどの「お客様は誰か？」を明確にする必要性がわかります。「お客様は誰か？」が曖昧であれば、ニーズも曖昧になります。曖昧どころか、ニーズが発見できなかったり、間違ったニーズになったりします。もう一度、「売上はどのように発生するか？」を思い出してください。お客様がニーズを満たす（不安や不満を解消する）ために、商品やサービスを購入することで発生します。

つまり、ニーズがなければ売上もありません。だからこそ、「お客様は誰か？」を具体的にして、「そのニーズは何か？」をも明確にして行くのです。

実は、売上が低迷している会社の多くは、この「お客様」と「ニーズ」が不明確になっています。逆に言えば、ここを明確にするだけで売上が回復する可能性があるのです。

いくら素晴らしい分析手法・マーケティング手法を使っても、これらが明確でないと、実行ができない事業計画書になってしまいます。

何か凄く当たり前で初歩的なことをいっているようですが、「売上が低迷している」「事業計画書をつくっても業績が回復しない」のは、ここに原因があるからです。しかも、多くのほうが、「当たり前」「初歩的なこと」と思ってしまうので、見落としがちです。後に、全貌をお話して行きますが、ここが全てのスタートであり、ここが間違うとその後どんなにいい分析をしても、よい経営理念を打ち立てても全く意味がなくなってしまいます。

だからこそ、大切にしますし、何度も繰り返して、「お客様は誰か？」「そのニーズは何か？」を徹底的に検討する必要があるのです。

お客様の意思決定の流れを分析していく

次に、そうしたお客様自身をさらに詳しく見て行きましょう。お客様が商品・サービスを購入するまでの流れを図表7の右側に記入して行きます。これを「顧客意思決定フロー」とします。

例えば、雑貨屋さんのお客様のフローは「インターネットで欲しいものを見つける↓店頭に来る↓店頭で探す↓購入↓購入した雑貨をＳＮＳに写真をアップする」となります（図表８）。

ここまで来ると、「売上アップ」するアイデアが浮かんで来ます。「インターネットで探すのであれば、そこに広告を出そう」とか「目的の雑貨を店頭に来て探しているときに、別の商品を『ついで買い』するようなレイアウトにしよう」とか「ＳＮＳにアップしてくれたら次回の割引券をあげよう」など。

ここでまた最初の「お客様は誰か？」「そのニーズは何か？」が明確になっていないと「顧客意思決定フロー」も曖昧になって売上アップのアイデアが出てこないのです。

逆に言えば、「お客様は誰か？」「そのニーズは何か？」が明確になっていることで、「顧客思決定フロー」も明確になり、売上アップに繋がっていくのです。

3 自社の「よさ」を客観的に分析してみる

自社の「よさ」は、お客様のニーズに合致しているか

お客様のことがわかって来たら、次には自社のことを徹底的に分析して行きます。ここでは、2つのパターンで失敗する可能性があります。「自社のことなら全部知っている」と思ってしまうことと、「うちの会社に『よさ』なんてない」と思ってしまうことです。

まずは、「自社のことなら全部知っている」というパターンの何が失敗かです。これは、個人と同じで自分のことはわかっているようで、わからないのです。さらに会社の場合の「よさ」とは自社自身で「ここがよい」と言うものではありません。お客様から見る「よさ」なのです。

〔図表7　銀行・愛されメソッド　フロー図〕

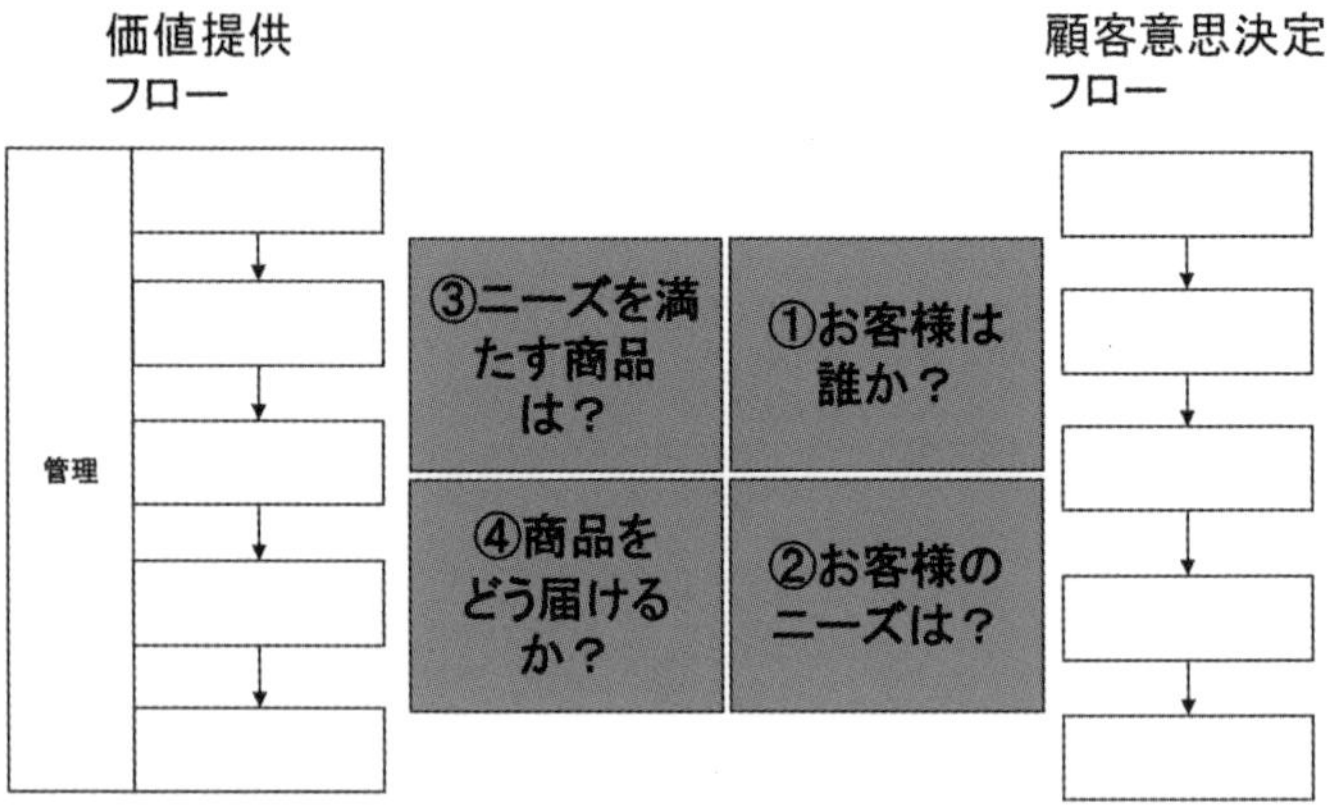

〔図表８　銀行・愛されメソッド　フロー図：雑貨屋の例〕

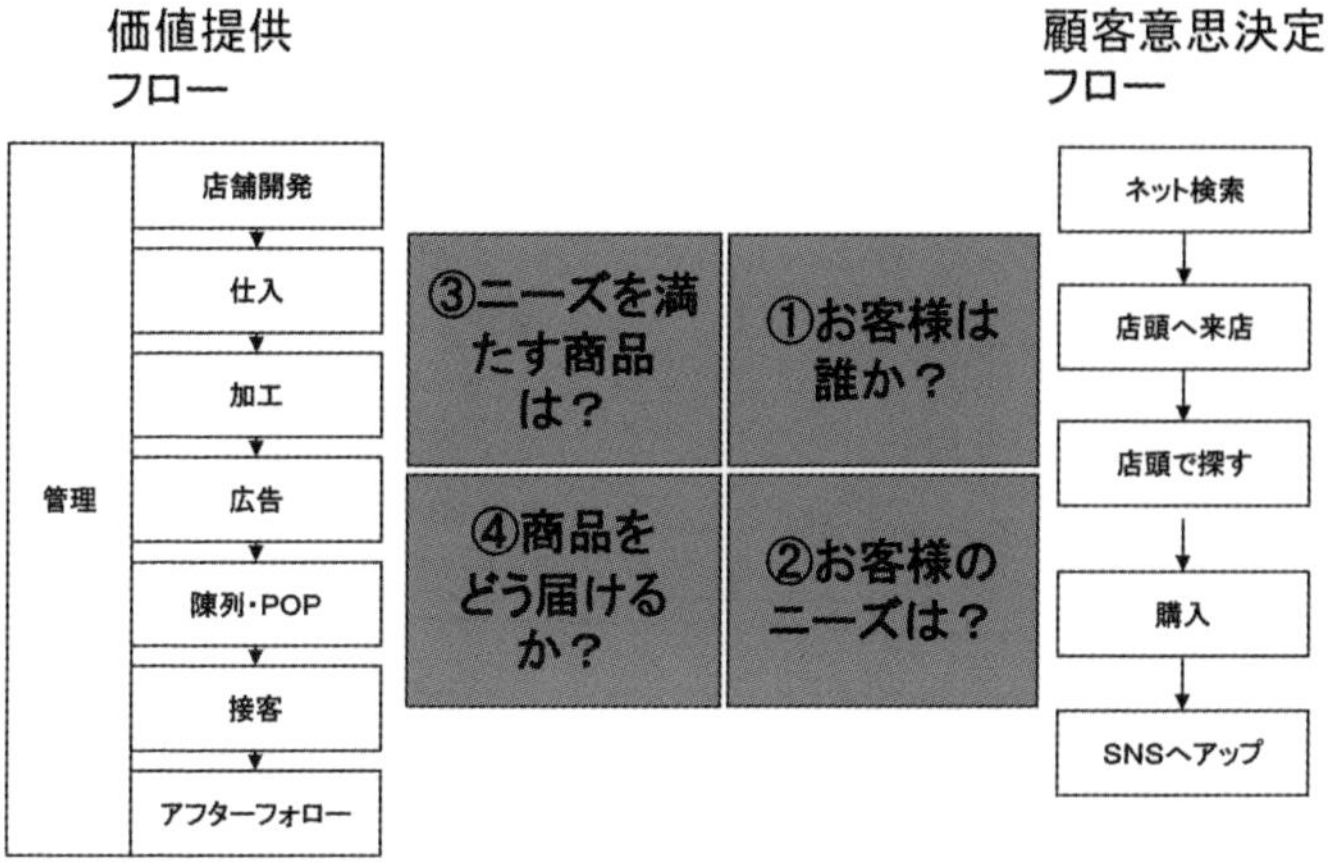

もう少し詳しくお話して行きます。

例えば、お客様が商品を購入するときに、Ａ社とＢ社で悩んでいる場合にどちらかを選ぶ決め手がＡ社の「よさ」です。もう少し具体例でいうと、Ａ社の雑貨はオーナーが手づくりで作成しており､可愛さもあり、1点ものであるにもかかわらず安いことが「よさ」であり、Ｂ社は資金力を活かして日本では手に入りにくい海外から高級雑貨を輸入していることが「よさ」です。この場合、お客様が若者で可愛いものを求めているのであれば、Ａ社を選択します。一方、年配の方で海外の高級雑貨を求めているのであれば、Ａ社は選ばれず、Ｂ社になります。

これまた、「お客様は誰か？」「そのニーズは？」が明確だからこそ、「よさ」も明確になるのです。

次に「うちの会社に『よさ』なんてない」というパターンです。基本は、「よさ」がなければ、お客様からは選ばれません。これから起業する方以外、数年、数十年続いている会社であれば、絶対に何らかの「よさ」を持っているはずです。

自社の「価値提供フロー」を分析して「よさ」に気付こう

お客様のニーズに対して価値を提供することによって売上は上がります。つまり、何らかの価値を提供しており、その中で、お客様が選択するときに特に特徴となる部分が「よさ」です。

よって、自社がどのような流れ（フロー）でお客様に価値を提供しているかを分析して行きます。図表7の左側に「価値提供のフロー」を書いて行きます。

例えば、雑貨屋さんの「価値提供フロー」は、「店舗開発→仕入→加工→広告→陳列→ＰＯＰ→接客→アフターフォロー」となります。また、その全体の「管理」があります（図表8）。

これらの「価値提供のフロー」を通じてお客様に価値を与えています。つまり、お客様はこの中のどれかに「価値＝よさ」を感じて購入するのです。

先ほどのA社、B社の例で言えば、A社のお客様は、「加工」の部分に「価値＝よさ」を感じているのです。B社のお客様は「仕入」の部分に「価値＝よさ」を感じているのです。

先ほどの「自社のことがわかっている」という場合、このお客様が感じている「価値＝よさ」と自社の感じている「価値＝よさ」が同じであればいいのですが、ここにズレが生じます。例えば、大手の子会社で駅前の一等地に店舗を出していることが「価値＝よさ」なのに、それを理解できずに、郊外に大型店舗をつくって失敗するというようなことが起きます。

また、「自社には『よさ』なんてない」という場合でも、この「価値提供フロー」のどこかに「よさ」が隠されています。例えば、「実は、競合他社のほうが商品はいいけれど、ここの会社が近所だから買いやすい」というのも「価値＝よさ」なのです。昔、大型スーパーが拡大して来たときに、「その逆をついて商品数は少ないけれど、身近にちょっと買い物ができる」という「価値＝よさ」を押し出して増えたのがコンビニエンスストアです。

こう考えると、お客様が自社のどこに「価値＝よさ」を感じているかを知ることは重要なことなのです。

また、売上を伸ばして行くためには、２つの方法があります。「価値＝よさ」をさらに伸ばしていく方法が１つ、逆に今、競合他社に劣っている部分をカバーする方法が１つです。どちらにするかは、経営全体を戦略的（俯瞰して）最適なほうを選んで行きます。

ここで失敗しやすいポイントがあります。「価値を提供している段階がいくつもあるのであれば、そのすべてで対策をすれば、大きな売上になるのでは？」という考えです。これでは、すべてが中途半端になり、売上が伸びないか、下がってしまうことにも繋がります。

対策というものは、優先順位を付け取捨選択して、効果の高いものに絞る必要があるのです。

4　売上・利益の視点で全体像を見直してみる

売上を上げる構成要素とは

ここで少し、売上を上げる構成要素についてお話して行きます。売上を分解して行きます。売上は「数量」×「単価」×「購入頻度」です。

「売上アップしよう」と言っても、対象が大きすぎて、対策が打てません。例えば、ステーキを大きいまま食べようとすれば、なかなか食べきれず困ります。しかし、自分の食べやすい大きさにナイフで切ってから食べれば、スムーズに食べられます。

売上も分解していったほうが、どこに力を入れればよいかわかります。売上を「数量」×「単価」×「購入頻度」に分解し、この要素のうち1つ以上を改善させれば売上アップに繋がって行くことになります。

全体像をもう一度見直してみる

図表7、8の「顧客意思決定フロー」と「価値提供フロー」ができたら、もう一度、売上、費用、利益の観点で見直して行きます。「お客様の意思決定するときのどこに焦点をあてれば満足度が上

がる＝売上がもっと上がるか？」「そのときに、自社の価値をどのように高めればさらに満足度が上がる＝売上があがるか？」「そのときに、費用対効果はどうか？」という点まで考えて行きます。

例えば、「うちの商品は対象となるお客様にピンポントのはずが、あまり売上が上がらない」とすると、「実は、広告に費用を掛けていないので、そもそもお客様が商品を知らない」のが原因だとわかります。そこで、「テストマーケティングをして、広告の反応率を見ながら、広告費を投入」して行きます。それによって、「購入数量」が増え売上が上がっていくことになります。

また、別のパターンでは、「うちは、新規のお客様は来るけれど、なぜか利益アップに繋がらない」という場合があるとします。これを図表7で分析して行くと、「新規営業の強さが『よさ』であるけれど、その後のアフターフォローやリピートになってもらう施策に力を入れていなかった」とします。そこで、アフターフォローやリピート施策をすることによって、「購買頻度」が上がり、利益が上がっていくことになります。

これらの例のように、自社の「顧客意思決定フロー」と「価値提供フロー」を見ながら分析を行っていくと、「自社の何が『よさ』なのか？」、「お客様がどこの段階で躓いている（他社に流れていく、もしくは購入を諦める）のか？」、などがわかって来ます。

それによって、「ここをもっと伸ばして行けば、売上が伸びるな」とか「ここを改善すれば利益が改善するな」ということがわかって来ます。

実は、これが事業計画書の元になります。ざっくりと「売上10％とアップ」では信憑性がないですが、先ほどの例のように、「テストマーケティングで広告費を××円投下することで、新規のお客様が○○人増える」ので、「年間××円投入することでお客様が年間○○○人増加」し、結果として売上が前年対比10％伸びるとすれば、確実性が高まります。

利益アップには経費削減も検討する

利益を上げるには、費用を下げることも必要になります。しかし、売上と同じように、「費用だけ」を見て削減しようとすると、アンバランスになります。

例えば、「原価を無理矢理に下げて利益をアップしよう」とした結果、「耐震強度の低い建物を建ててしまった」ということも起きないとも限りません。

また、「事務職の人件費を削ったら、退職者が続出して、管理部門が停滞した」ということも起きる可能性があります。

経営はバランスなので、売上に繋がらない無駄な費用は削減して行くべきですが、それを判断するには、経営の全体像がわかっている必要があるのです。

「経費削減」といつも言っている会社や「費用対効果を高めよう」といつもいっている会社は、実は、「経費削減」も「費用対効果」も上手く行っていないです。

そのためには「銀行・愛されメソッド」で、売上（お客様）と費用（自社内）のバランスを見る必要があるのです。なお、バランスといっていますが、経営資源を分散させるという意味ではありません。全体像を俯瞰してみて、「まずは、ここを改善して行こう。次にはここを改善しよう」と優先順位を付けて行くことです。

それが、行動計画に反映されることで、結果の出る事業計画書になるのです。

5　ライバル目線で改善し、もう一段階、魅力的な会社へ

ライバル企業を意識する

お客様の視点、会社の「よさ」の視点で見て来ました。しかし、それだけでは、売上、利益は確保できません。なぜでしょうか？

「お客様」と「自社」しか存在しなければ、前節までの分析で完了しますが、残念ながら、様々な登場人物がいます。

ここでまた、恋愛の例え話です。恋愛ドラマで相手と自分しかいなければ話は盛り上がりません。ドラマを盛り上げるのは適役（＝ライバル）の存在です。ライバルが存在することで、様々な駆け引きが起きたり、相手とのすれ違いが起きたりして、盛り上がりを見せるのです。このライバルが

強敵であればあるほど、ドラマの面白味が増して行きます。ドラマの話をしていますが、実際の恋愛でも同様で、必ずといってよいほどライバルは居るはずです。

経営でもライバル企業は存在します。市場原理の中で経営をしている上では、「お客様」は常に選択肢があるからです。よい面から言えば、ライバルが居るからこそ、いい商品を開発しようという意欲が高まり、よりよいサービスを提供しようとして顧客満足度が上がって行くことに繋がって行きます。

もちろん、せっかく売上、利益を上げていても、ライバル企業が同様な商品やサービスをすれば、お客様はライバル企業から購入するので、売上、利益は下がります。このような悪い面もあります。それらをよい面、悪い面を含めて、ライバル企業に、どのように対応し、お客様からの支持を得るのかが重要になります。

また、ライバル企業の存在だけでなく、景気の変化、科学技術の進展などによっても売上、利益は下がります。例えば、今まで1万円で商品を購入していたお客様が、不景気になり収入が減ったことによって、その商品に払うだけの余裕がなくなることもあります。また、かなり昔の例になりますが、ワープロを販売していて、パソコンで文章ソフトを使うようになったら、ワープロ会社同士のライバル関係で勝ったとしても、パソコンに需要が移って、売上や利益を下げることになります。

〔図表9　経営理念・経営戦略・経営戦術〕

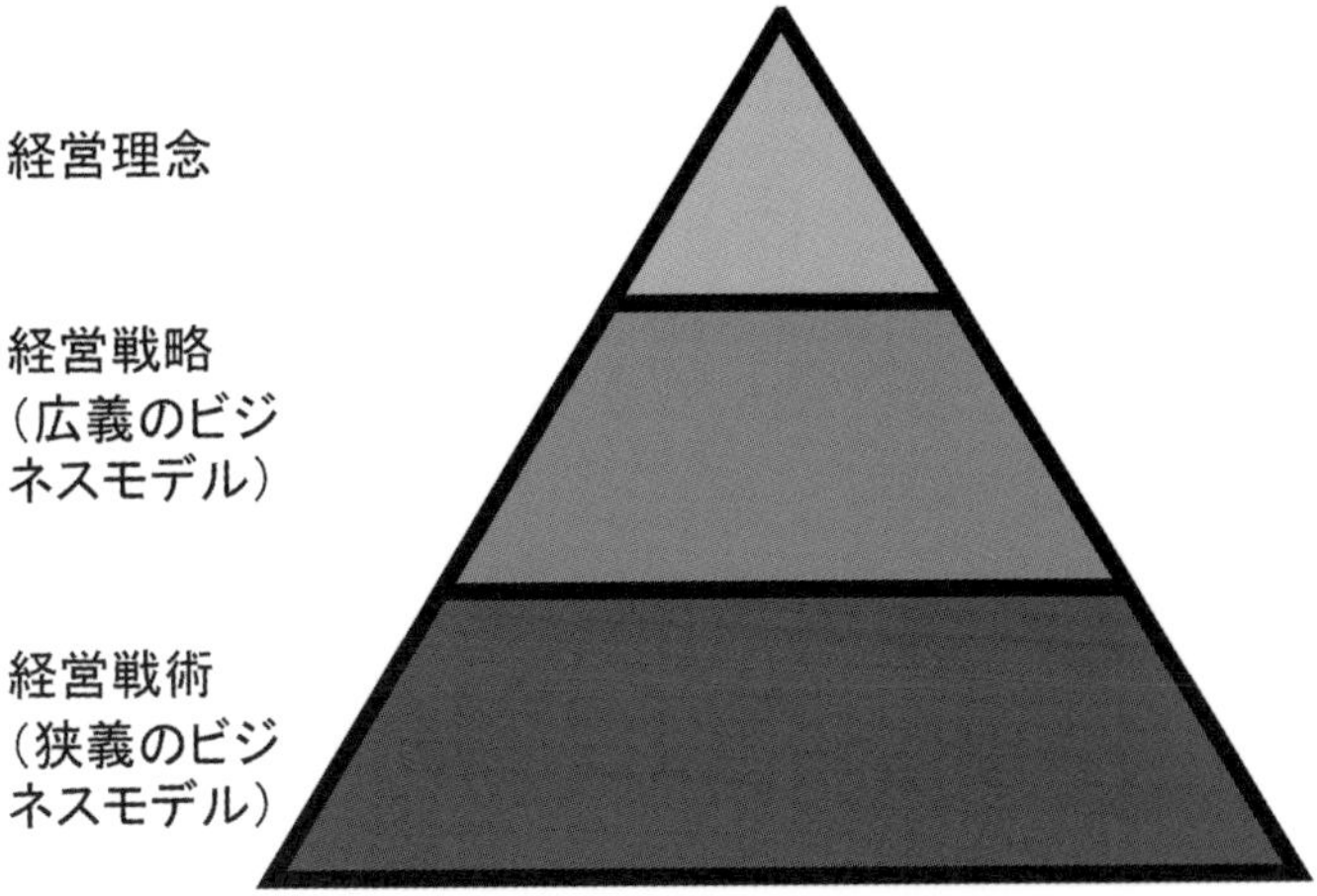

このように、「お客様」と「自社」だけでなく、それを取り巻く環境も考慮に入れないといけないのです。

経営戦略と経営戦術を駆使して売上・利益を上げる

「経営理念」「経営戦略」「経営戦術」の違いを明確にして、使いこなして行きましょう（図表9）。

「経営戦術」とは前節の例でお話したように、「広告を使う」とか「リピート施策を使う」というような「手段（狭義のビジネスモデル）」を表しています。

でも、それらの「手段」が最適かどうかというのは、一歩、上の段階で見る必要があります。この節でお話しているように、全体像を鳥の目のように上から俯瞰して見ることです。

この俯瞰してみることを「経営戦略」といいます。

そして、その「経営戦略」が正しいかどうかは、「経営理念」によります。こうして、これによって、全体として、「景気は?」「ライバルは?」「科学技術は?」「お客様のニーズは?」「自社の『よさ』は?」というように、すべてを把握した上で、「どの手段が最適か?」がわかるようになるのです。

6 「銀行・愛されメソッド」をどう使えば、資金調達できるのか?

「銀行・愛されメソッド」をまとめる

図表10を見てください。これが、これまでのお客様の「銀行・愛されメソッド」をまとめたものであり、経営戦略(広義のビジネスモデル=儲かる仕組み)です。
① お客様は誰か?
② お客様のニーズは何か?
③ ニーズを満たす商品、サービスは何か?
④ 商品、サービスを告知・提供する手段は何か?(狭義のビジネスモデル=経営戦術)
⑤ お客様の購買を分析すると?=「顧客意思決定フロー」
⑥ 自社の「よさ=価値」を分析すると?=「価値提供フロー」
⑦ 競合他社の状況は?

〔図表10　銀行・愛されメソッド　全体図〕

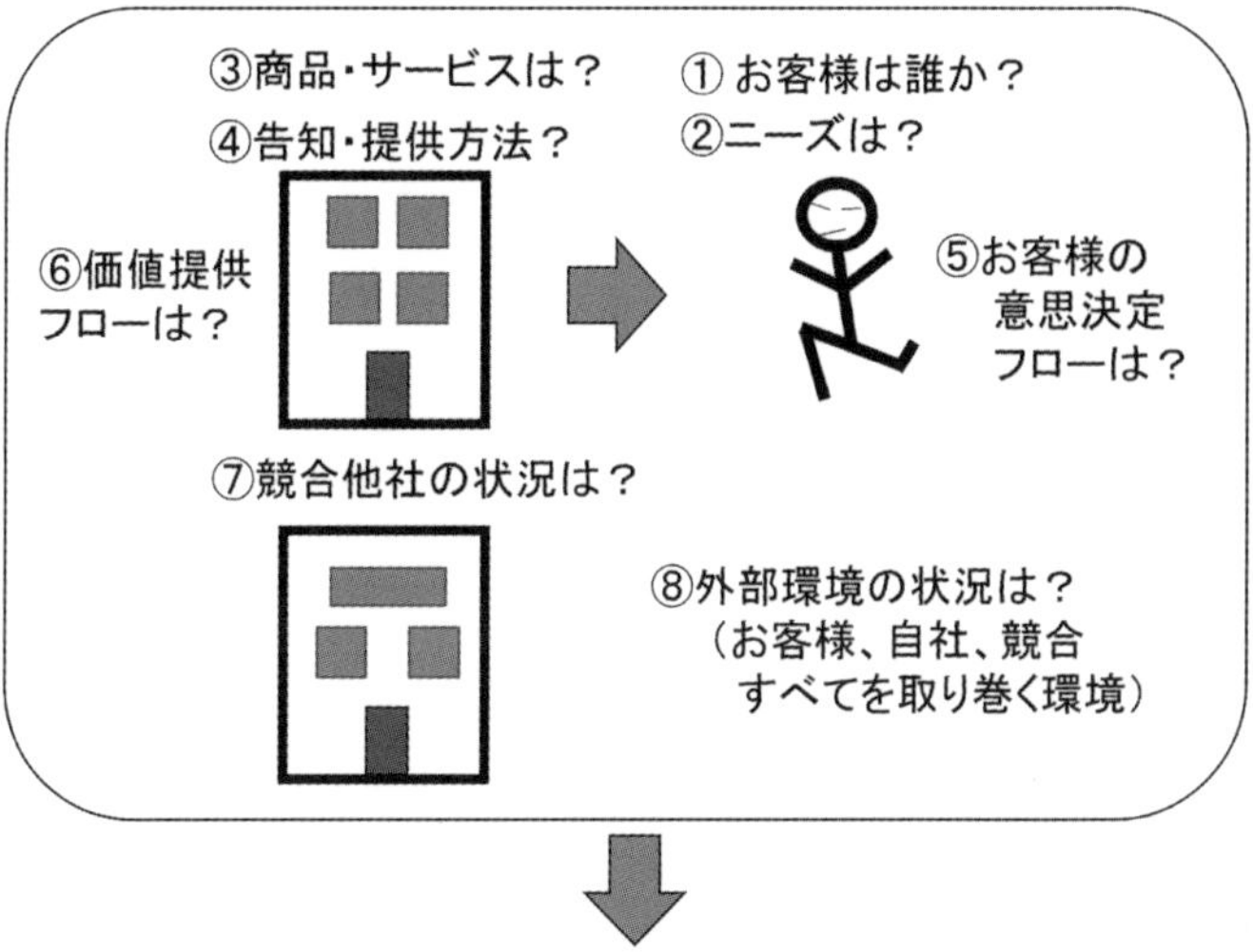

<銀行・愛されメソッド　全体図>

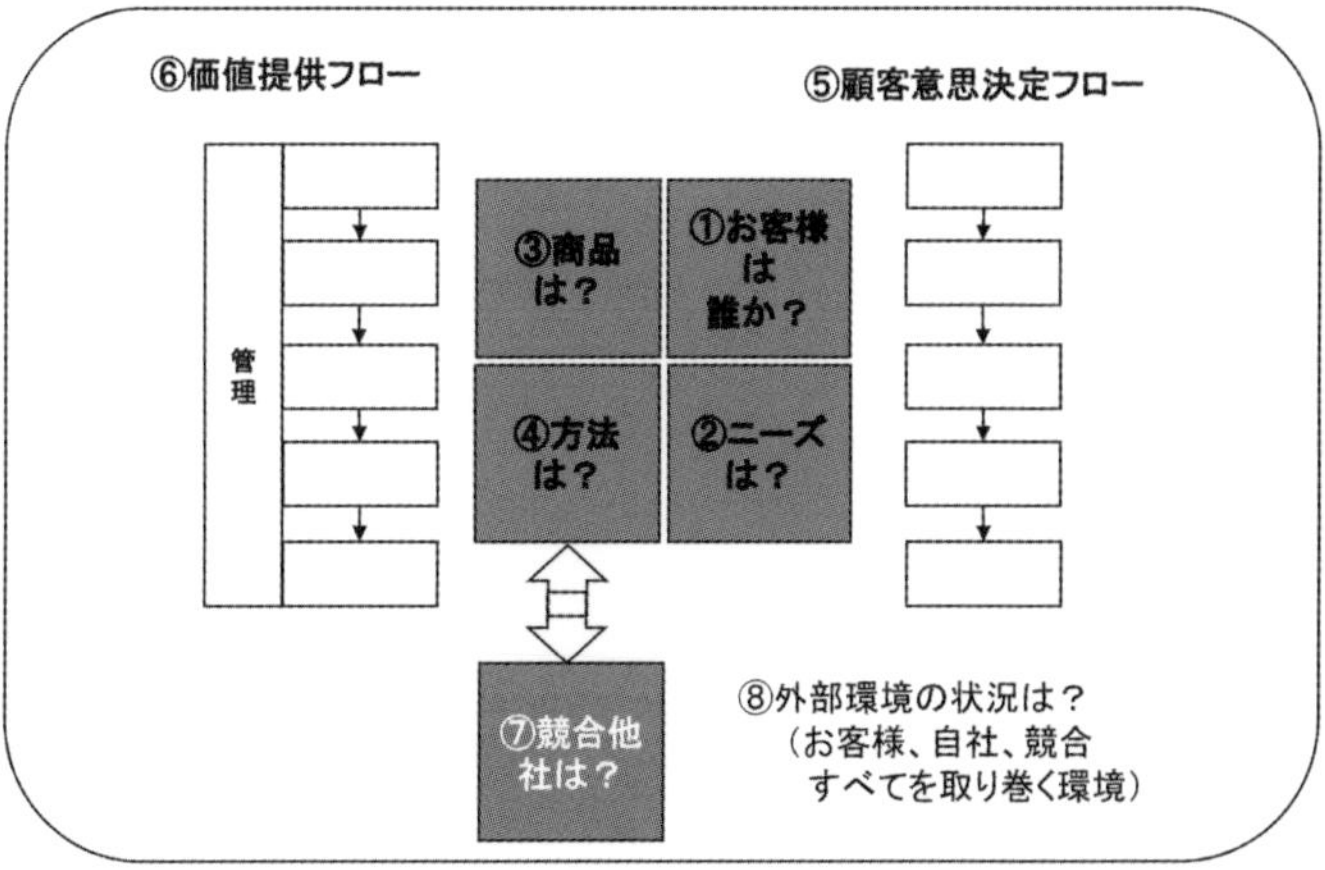

⑧　お客様、自社を取り巻く環境は？

この順番で作成して行くと、「銀行・愛されメソッド」の基本構造は完成します。でも、これはスタートに過ぎません。これを事業計画書にして行きます。

「銀行・愛されメソッド」を数値化していく

これで、骨格はできたはずです。それを数値化して行く必要があります。経営戦略と経営戦術と数値の整合性がとれない事業計画書をときより見かけます。

しかし、「銀行・愛されメソッド」の骨格をしっかりとつくった上で数値化して行くと整合性はとれます。言い換えると、「銀行・愛されメソッド」の骨格そのものが損益計算書であり、その改善策なので、当然、整合しているのです。

まずは、「顧客意思決定フロー」を見ながら、売上を改善する方法を検討して行きます。次に「価値提供フロー」を見ながら、費用をどのように配分して行くかを検討します。経費削減ばかりではなく、売上を伸ばすために、費用を追加投入する可能性もあります。

さらに、競合他社や外部環境の状況を勘案して行きます。これを1年単位で作成して行けば、年間の事業計画書ができ上がります。また、3～5年の中長期で作成すれば、中長期の事業計画書ができ上がります。これによって資金調達につなげることができるのです。

第4章　実践：資金繰り・資金調達シミュレーション

1　資金繰り改善（銀行・愛されメソッド）を シミュレーションで見よう

「銀行・愛されメソッド」のスタートとは

前章までで、「銀行・愛されメソッド」の全貌を見て来ました。もう少し、具体的にイメージできるように、この章では、実際に「銀行・愛されメソッド」を実行して行く流れをシミュレーションで見て行きます。

通常、新規の会社とコンサルタントとして、お話をする際には、決算書3期分を拝見しながら、様々なことを深堀りしてヒヤリングして行きます。例えば、「創業の経緯」「経営者の想い」「売上の状況」「経費の状況」「資産・負債の状況」「業界の状況」「地域の状況」「銀行との取引履歴」などです。

特に、「創業の経緯」や「経営者の想い」は決算書や他の資料、公表されている資料などではわからないので、確実に聴きます。「経営理念」が壁に飾ってあるかもしれませんが、それは「つくられたもの」の可能性もあるので、経営者の言葉として、「創業の経緯」や「経営者の想い」は聴いておきます。事業計画書にまとめる際と、実際の経営戦略、経営戦術に落としていく際には、この「創業の経緯」や「経営者の想い」が重要になります。

以上は、コンサルをして行く流れですが、自社で、「銀行・愛されメソッド」を分析・実行して行く上でも、もう一度、「創業の経緯」や「経営者の想い」＝（経営理念）は、確認をしてください。

シミュレーションの会社の前提

コンサルタントの場合はヒヤリングしたとして、自社の場合は再分析をしたとして、今回のシミュレーションの前提をまとめます。自社がコンサルを受けていることをイメージしながら、または、自社を自分で改善させていくイメージで見て行ってください。

⑴　地方都市のリフォーム会社
⑵　経営者は関東の出身
⑶　創業のきっかけは奥さんの生まれ故郷を自分の力で活性化したいという想い
⑷　開業10年目
⑸　当初はよかったが、ここ数年は売上が減少傾向。利益は赤字と黒字を繰り返している
⑹　債務超過はギリギリ逃れている
⑺　銀行は融資を絞りつつある（銀行から愛されている状態とは言えない）

この会社の「銀行・愛されメソッド・基本構造図」を見て行きます。
図表11を見てください。

〔図表11　銀行・愛されメソッド　基本構造図：リフォーム会社の例〕

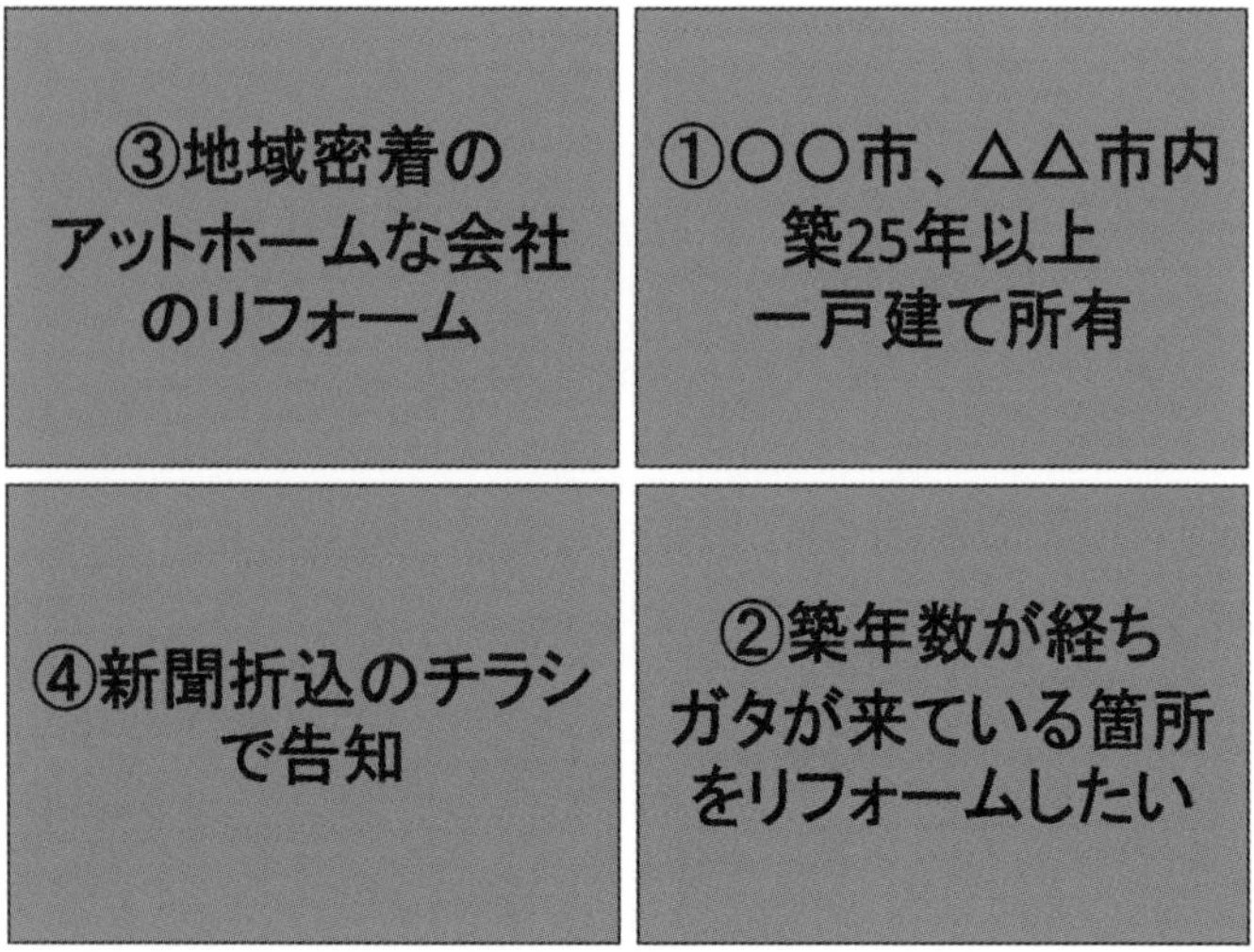
①○○市、△△市内
築25年以上
一戸建て所有
②築年数が経ち
ガタが来ている箇所
をリフォームしたい
③地域密着の
アットホームな会社
のリフォーム
④新聞折込のチラシ
で告知

（お客様）○○県○○市と△△市内の築25年以上経った一戸建て住宅を所有している家庭

（ニーズ）築25年以上経ち、ガタが来ている箇所をリフォームしたい

（商　品）地域密着なアットホームな会社によるリフォーム

（方　法）新聞折込チラシで問合せを頂いたらすぐに訪問します

　こうして見ると、お客様も明確にしているようですし、ニーズもありそうです。商品も「地域密着でアットホームな会社」というこの会社の「よさ」もあります。

　しかし、残念ながら、この状態では、赤字と黒字を繰り返しており、銀行から見放されそうなのです。

〔図表12　銀行・愛されメソッド　フロー図：リフォーム会社例〕

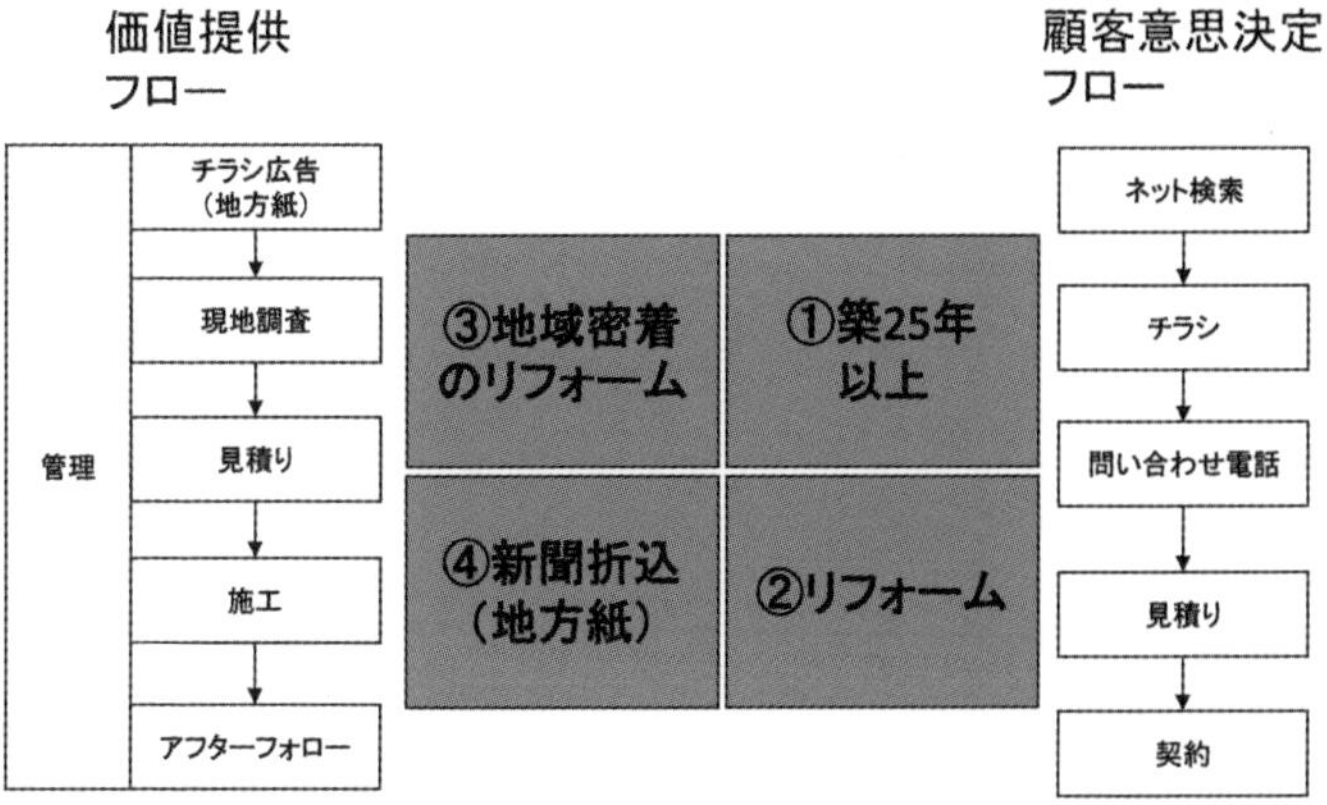

何が、どこが違うのでしょうか。「チラシの文言がお客様に伝わっていないのではないか？」、「もしくはチラシという手段はマッチングしていないのではないか？」、という想定はできますが、それがライティングなどの手段の問題かどうかは不明なので、さらに「銀行・愛されメソッド」を深堀りして行きます。

ここが経営戦略と、経営戦術の使い分けです。経営戦術＝手段だけで改善を図ろうとしても、根本原因がそこにない場合は、いくら経営戦術＝手段を改善しても根本改善にはつながりません。

これを経営戦略＝俯瞰し見ることで根本的な改善策が見つかるのです。

本当の「お客様」は誰なのか？

では、図表12を見てください。「顧客意思決定フロー」と「価値提供フロー」を記載して行きます。これを書いていく中で、経営者が気づきました。

想定しているお客様のフローを書こうとしても、上手く浮かばないのです。

そもそも「お客様の想定自体が違うのではないか？」と疑問に思うことになります。

「お客様」が違うとなると、「ニーズ」も違うかもしれませんし、「自社のよさ」も違うかもしれません。

ここでは、「本当のお客様は誰か？」をまだ追究しません。先のチラシの話と同じく、目先の話ではなく、もう一歩、俯瞰して見ましょう。

「この地域がどのような環境か？」という面です。分析していくと、数社の大手メーカーの工場がありました。地域を大凡で分けると、2つのグループに分かれます。

大都市圏の出身ながら、就職、転勤で、このメーカーに勤めて、10数年住んでいる方々と、この地域で先祖代々住んでいる方々といることがわかって来ます。

さらに競合他社のリフォーム会社は、親子2代、3代と続いている会社も多くありました。

ここまで俯瞰してみていくと、

（お客様）大きく分けると2グループあるのに1つの塊として見ていた。

（ニーズ）築年数が浅いグループもあるのに、築年数が25年以上のニーズだけを拾っていた。

（商　品）地域密着と言っていたが、競合他社のほうが昔からの地域密着だった（自社のよさが違う）。

（方　法）チラシのライティング技術と言うより、そもそもお客様が違うので反応率がよくない。

決算書（損益計算書＝ＰＬ）の改善に繋げる

これを損益計算書（ＰＬ）としてみると、赤字の理由がわかります。

図表13を見てください。

「銀行・愛されメソッド　フロー図」を損益計算書（ＰＬ）にしたものです。費用（チラシ代。営業費用）を使ったのにも関わらず、お客様のニーズに合致していないので、売上が上がらなかったのです。つまり、費用と売上のバランスが崩れて赤字になっていたのです。

これを黒字化していくのが事業計画書の役割です。「頑張るぞ」というような事業計画書でも「来年は何パーセントアップというような結果だけの予想」というような事業計画書でもダメだとわかります。「銀行・愛されメソッド」で分析して来た内容（業績悪化の原因）を改善して行く流れを表現するのが事業計画書なのです。

「銀行・愛されメソッド」で改善策を検討する

では、現状分析はできて来たので、改善策を考えて行きましょう。そのためには、お客様のこと

〔図表13　上部：リフォーム例　フロー図　下部：損益計算書図〕

損益計算書（PL）
※一年間の経営成績

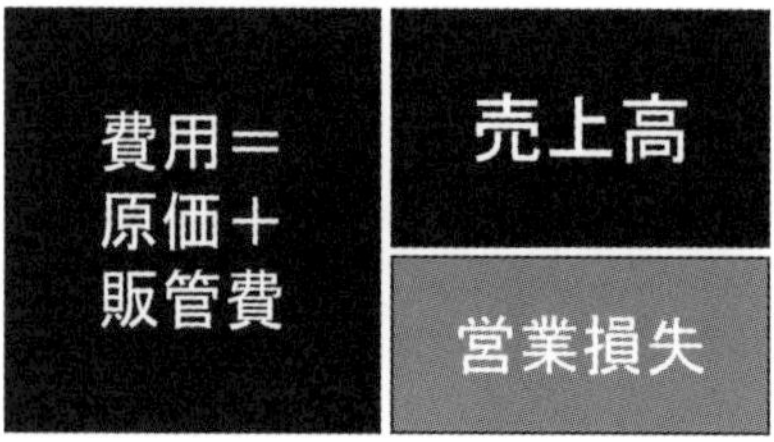

※ポイント
費用が掛かりすぎて、営業損失（赤字）に陥っている

※ポイント
銀行・愛されメソッド フロー図を見て、どこのバランスが崩れているかを分析していく

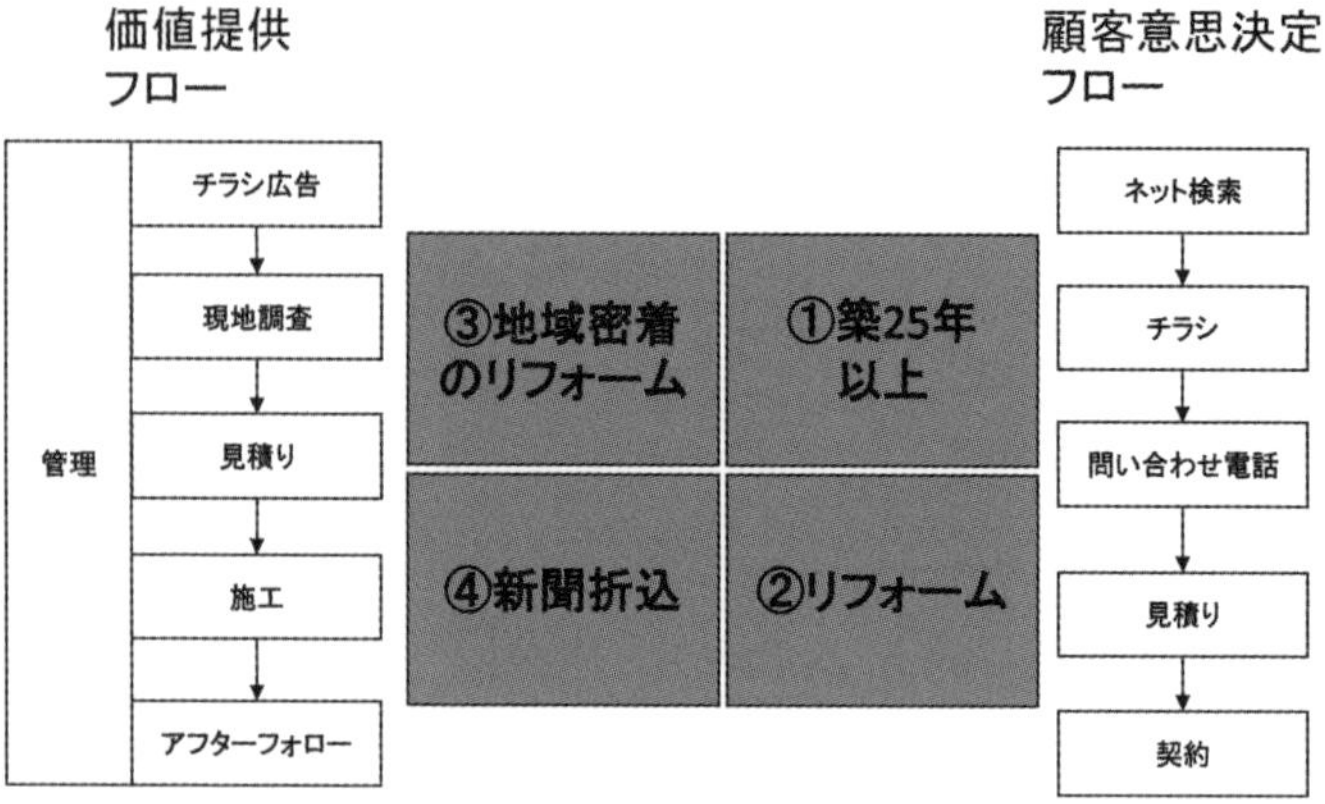

をもっと具体的に知る必要があります。そこで、お客様にヒヤリングをして行きます。ケースによってはヒヤリングしにくい場合やヒヤリング内容が偏っていると判断を間違うこともあるので注意は必要です。しかし、お客様の生の声を聴いたほうが、経営戦略、事業計画書の精度が上がります。

このケースでは、「以前から地元に住んでいた方で、当社でリフォームをした方」「以前から地元に住んでいた方で、当社ではリフォームをしていない方」「就職でこちらに来た方で、当社でリフォームをした方」「就職でこちらに来た方で、当社ではリフォームをしていない方」をヒヤリングして行きました。

当社で過去リフォームをしている方はヒヤリングしやすいのですが、していない方は、子供の学校の友達の親御さんなどにお願いして、ヒヤリングをして行きました。

するといくつかの傾向がわかって来ます。

(1) 以前から地元に住んでいると、昔からの付き合いがあり、昔なじみの地元の会社にする傾向。

(2) 地域密着感を出しているけど、この地域で10年くらいでは新参者と見られる。

(3) 就職・転勤組の場合は、地元のリフォーム会社は地元意識が強く頼みづらい。

(4) デザイン性の高いリフォームは当社のほうが頼みやすい。

これらのことから、「以前からの地元に住んでいた家庭」は対象から外したほうがいいと想定できます。そして、「就職・転勤で引っ越して来た家庭」を対象に絞ることを想定して行きます。

また、過去にリフォームしてくれた方の分析をしても、評価が高いのが「就職・転勤で引っ越して来た家庭」でした。よって、それらの想定で、「銀行・愛されメソッド・基本構造図」を作成して行きます。それが図表14です。

（お客様）○○県○○市と△△市内のメーカーで働く、築10年前後の一戸建て住宅を所有している家庭

（ニーズ）若い頃に購入した家なので、自分たちで間取り、デザインなどを設計できなかった。しかし、10年くらい経って、お金の余裕もできたので、自分たちの好きな間取りやデザインにリフォームしたい

（商　品）関東で修行をした経営者によるデザイン性の高い会社によるリフォーム

（方　法）全国紙の新聞折込のチラシ。一緒によりよいお家づくりをして行きましょう

さらに、「顧客意思決定フロー」と「価値提供フロー」も記載して行きます（図表14）。

ここで顧客にヒヤリングした成果が出ます。その地域は、新聞の発行部数が全国紙と地域紙の割合がほぼ半々でした。

今までは、地域密着だからと言って地域紙に折込チラシを入れていました。しかし、今回、想定した就職・転勤で引っ越して来た家庭は全国紙を取っている家庭が多かったのです。地域紙に入れても、反応率が悪かった理由の1つでした。

〔図表14　銀行・愛されメソッド　フロー図：リフォーム会社の改善後〕

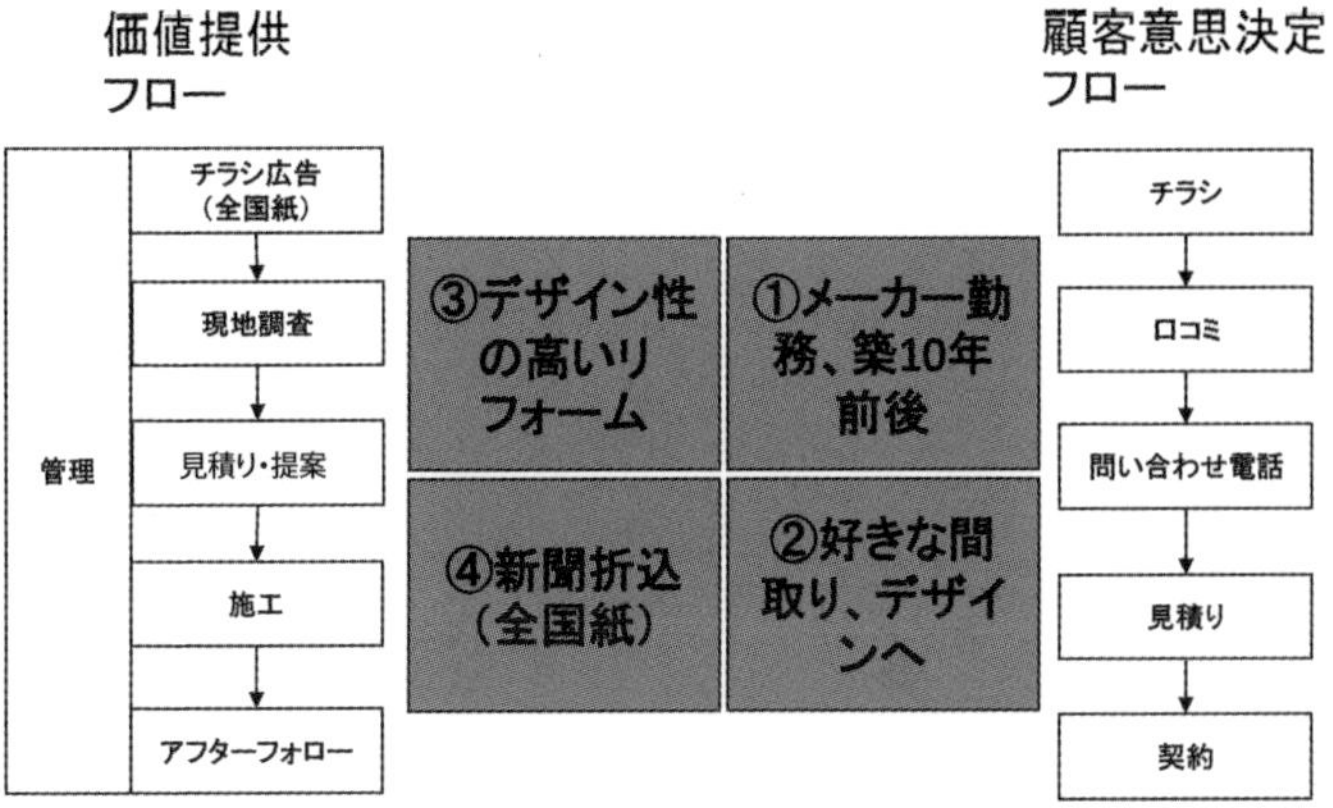

そして、「価値提供フロー」からも「地域密着」は当社の「よさ」ではないと判明して行きます。そして、自社の「よさ」（＝なぜお客様が競合他社ではなく当社を選ぶのか？）は、経営者夫婦の経歴が関東のデザイン事務所にいた時代があり、そのセンスを行かしたリフォームを提案できることだったのです。

「銀行・愛されメソッド」の図から事業計画書を作成する

これを事業計画書に落として行きます。

この事業計画書は、「銀行・愛されメソッド」の流れで作成されたものをそのまま文章化、数値したものですので、すべて一貫した流れがあります。さらに、基本的な分析を行っており、明確な行動に移すことができます。これにより、経営者、従業員は実際に売上、利益の上がる事業計画に基づいた、行動をして行くこ

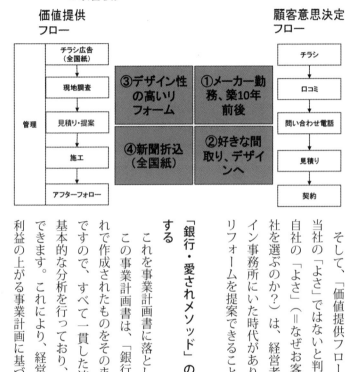

とができます。

また、この事業計画書を読んだ銀行は、「これなら、実際の行動まで想像できて、それによって売上・利益が上がることまで想定ができる」のです。これによって、銀行からは、融資してもちゃんと返済・利息の支払いができる会社として見られて、借入ができやすくなりました。

さらに、これを継続的に毎期、続けることによって、銀行から信頼されて、「銀行から愛される会社」＝「銀行側がぜひ、融資をしたい会社」に、さらになって行きました。

ここで1つ、注意点があります。一度、上手く行き始めても、現状維持だと必ず低迷するときが来るということです。

なぜなら、上手く行くと、競合他社が真似をして来ます。この場合、チラシをそのまま真似て来ました。自社の「よさ」があるので、チラシを真似されても、根本的な逆転は起きないのですが、一般の方から見るとその違いは、実際にリフォームしてからじゃないとわからないです。そのため、一時的に低迷することもありました。

また、中長期的にお客様のニーズが代わっていくことも考えられます。築10年前後の家を所有しているお客様が、築年数が経過して行けば、古くなった部分の改善のリフォームも増えて来るはずです。そのときに、常に「築10年の家の家族をお客様とするのか？」、「築年数から時間が経つごとに、今のお客様のニーズの変化を捉えて行くのか？」を判断して行かないといけません。

これは、急に今期と来期で変化するのではなく、徐々に変化するので、それに伴って、毎年、「銀行・愛されメソッド」を再検討して行く必要があるのです。そうすることによって、「いつの間にか、ニーズに合わないものを提供して、売上、利益が下がってしまった」ということを避けることができるのです。

事業計画書には何を書くのか？

では、事業計画書の骨格をお話します。

① 経営理念…創業の経緯や経営者の想いなどから経営理念を経営者と共に考えたほうがいいです。間違っても、「何か格好のよい言葉のほうがいい」として他社の言葉を使ったり、経営者の想いと違ったりする言葉を使わないでください。経営をして行く上でも、従業員が仕事をして行く上でも、柱になる部分だからです。

② 方針…経営理念は想いの部分が強いので、もう少し具体的な方向性を示すために方針を決めておきます。

③ ＳＷＯＴ分析…自社の「強み」「弱み」「機会」「脅威」を分析します。先ほどから自社の「よさ」と言っているのはＳＷＯＴ分析でいう「強み」です。「強み」というと、自社視点で考えがちですので、お客様目線で考えるべきということで、「銀行・愛されメソッド」では「よさ」と表し

て来ました。

④　課題の抽出…ＳＷＯＴ分析から現状の自社の課題を抽出します。課題を抽出した後、経営理念、経営戦略に基づいて優先順位をつけて行きます。

⑤　「強み」を伸ばす、「弱み」を改善する行動計画…ＳＷＯＴ分析から「強みを伸ばしていく行動計画」もしくは「弱みを改善する行動計画」を立てて行きます。「顧客意思決定フロー」と「価値提供フロー」を分析してありますので、そのうちのどこがいくら強化、改善されるか具体的な行動、数値として計画を立てることができます。これが、課題の中で優先順位を高いものを改善して行く計画となります。

⑥　月次の数値目標…現状の数値を元に、行動計画で強化、改善されたことによる数値の変化を月次に数値目標に置き換えて行きます。ここまで見て来ると、単に数値目標だけ立てるやり方では、銀行から信用されないことがわかります。逆に、ここまでの流れで数値目標を立てるということは、「経営理念→経営戦略→経営戦術」の流れが全て繋がったストーリーになっている数値目標になるのです。

⑦　３～５ケ年の数値目標…月次の集計が年次の計画になります。そして、行動計画もすぐに結果が出るものばかりではないので、中長期に渡って結果が出るものを含めて３～５年の数値目標にして行きます。

ここまでが事業計画書の骨格です。今回のシミュレーションの会社が中小企業なので、「なんだ、うちはもっと企業規模が大きいから関係ない」と思うかも知れません。

しかし、企業規模が大きくなっても事業計画書の骨格は変わりません。この骨格を元に、さらに詳細な分析や計画をつくっていく必要はありますが、「骨格＝全体の流れ＝ストーリー」は同じです。逆に、企業規模が大きい事業計画ほど、この「骨格＝全体の流れ＝ストーリー」を外れると、意味のない事業計画書になります。

上場準備企業、上場企業などの規模になって来ると、役割分担して作成することも多くなります。そうすると、それぞれの部署、人によって、それぞれの分析や計画で作成することになり、詳細だが全体的な流れになっていない（ストーリーになっていない）ケースが出て来てしまいます。

これの何が問題かと言うと、計画全体の精度が低いため、行動に移せない＝結果が出ない事業計画書になってしまうのです。

ＳＷＯＴ分析を活用する

ＳＷＯＴ分析について、もう少し、具体例で詳しくお話して行きます。ＳＷＯＴ分析をすると「強みを伸ばしたほうがいいのでしょうか？　それとも、弱みを改善するほうに力を入れたほうがいいのでしょうか？」という質問を受けることがあります。

例えば、戦国時代にタイムスリップしたと想像してみてください。もし、戦国武将の立場で合戦を指揮しているとします。ここで勝負時というところで兵力を分散させたり、逐次投入したりすれば、勝機を失います。兵力を一点集中させ突破を図るほうがいいはずです。

一方で、守りを固める必要がある場面であれば、敵は弱い部分を狙って来ます。弱い部分から突破されないように、その部分の改善を図ります。

経営でも同様に、攻めの姿勢のときには長所を伸ばす方法を取りますし、守りの姿勢のときには短所を改善させるのです。

例えば、商品アイテムが複数ある場合、平等に広告費を掛けるより、売れている商品に広告費を掛けたほうが、全体の売上が伸びます。

一方、商品への反響が大きいのに、配送能力に欠点があり、販売機会を失っているのであれば、最優先は配送体制の改善になります。

このように、「強みを伸ばすか？　弱みを改善するか？」は経営全体を見渡す（俯瞰して見る）ことによって判断することができます。

しかし、「銀行・愛されメソッド」の流れでやっていれば、自然に経営全体を見渡しているので、何の優先順位が高いかは明確になり、「強みを伸ばすか？　弱みを改善するか？」を悩むこともなくなります。

ＳＷＯＴ分析を単独でするると、「強み」「弱み」「機会」「脅威」をそれぞれに考えることになるのと、ＳＷＯＴ分析自体が今の経営状態と紐付かない部分が出てきて連携が取れていないことがあります。しかし、「銀行・愛されメソッド」の流れでは、すべて網羅し繋がっているので、連携を意識しなくても自然に連携が取れるようになっています。

「弱み」改善シミュレーション

「弱みを改善する」ほうのシミュレーションもお話して行きます。十数店舗を展開する美容系の店舗を運営している会社です。順調に売上を伸ばして来た会社でしたが、競合他社も増えて、売上が低迷し、銀行も融資を渋り始めていました。

経営が「どんぶり勘定」であり、店舗別の損益を把握していませんでした。つまり、この「どんぶり勘定」が「弱み」でもありました。

早速、店舗別損益の把握をできる体制にして行きます。すると、慢性的な赤字店舗が全体の足を引っ張っていることが判明して行きます。不採算店舗の撤退を決定し、損益の改善をして行きます。

しかし、その中の店舗で大型の店舗が商業施設に入居しており、契約上、多額の違約金の支払いをしない限りは撤退ができないことがわかります。この店舗も「弱み」に入ります。ここを改善しないと赤字を垂れ流しの状態が続きます。そこで、店頭の看板の改善やタウン誌・インターネットへの広告内容の改善などを考えて行きます。

でも、これらはあくまで経営戦術（手段）なので、根本的な改善に繋がりません。戦略的に（俯瞰して）見る必要があります。自社のよさは「高い美容技術を持った従業員が多い」ことです。

大手の競合他社は、入退社が激しく、技術力の低い従業員も多くいました。もちろん、技術力もある従業員もいるが、その人がどこの店舗にいるのかは不明であり、もしわかったとして、指名できるわけではなかったのです。

一方、1人社長の競合他社は、その技術力を持っているものの、1人での対応は限界があるので、大人数のお客様の対応はできないという欠点があります。

これらの状況から、商業施設内の不採算店舗には、各店舗のエース級を投入することにしました。そして、「地域で一番、技術力の高い店員が揃う店」というコンセプトを打ち出します。さらに、この店では、指名制を取り、その指名料は、ほぼ従業員の給料に反映させました。これで、お客様からの支持が高い従業員はモチベーションが上がります。また、他店舗の従業員も、あの店舗に配属されるように、技術力を磨くというモチベーションを上げて行ったのです。

これらを事業計画書に落として、銀行にも提出して行きます。さらに、実際に行動して行くことによって、「弱み」を改善して行き、売上・利益が上がり、銀行からの融資も出やすくなって行ったのです。

事業計画書を実行して行く

事業計画書の実行段階のお話をして行きます。事業計画書は、最終的な「売上○％アップ」という目標を設定します。「銀行・愛されメソッド」で見て来たとおり、それを達成するためには、「強み（よさ）の強化」「弱みの改善」に基づいた行動計画が必要となります。その行動計画を数値目標に置き換えて行きます。このそれぞれの数値目標を達成することによって事業計画全体の数値を達成して行きます。

この行動計画の数値目標をＫＰＩ（重点業績評価指標）ということもあります。また、事業計画書全体の目標をＫＧＩ（重要目標達成指標）ということもあります。

つまり、ＫＰＩの数値を月次で進捗管理することによって、ＫＧＩも達成することができるということです。

例えば、「売上５％アップする」がＫＧＩだとすると、それを分解すると、いくつかの指標に分かれます。その指標の中で、重要な指標（例えば、営業マンの訪問回数）をＫＰＩとして管理して行くことになります。

ここで注意点は、ＫＰＩはＫＧＩを達成するための重要指標を選択しなければならないということです。言い換えると、ＫＰＩがたくさんあることは、そもそも「重要」な指標ではありません。

時々、見かけるのが全ての経営指標をＫＰＩとして設定し、進捗管理をして行くケースです。これでは、どこに重点を置けばよいかわからないので、行動ができない、もしくは本来、重点をおくべき以外のところに重点をおき行動するので、どちらも結果は出ないのです。

事業計画書を実行のシミュレーション

また、ＫＰＩの設定を間違えると、これまた結果は出ません。顧問契約を開始したばかりの会社の会議に出席したときの例をお話します。

その会社も、売上をＫＧＩにして、３つの指標をＫＰＩとして設定していました。この時点で、すべての指標、多数の指標をＫＰＩとしないという点はクリアしていました。

しかし、会議が進んでいくとＫＰＩの設定ミスだと思われることが起きます。

「ＫＰＩは3つとも達成しました」という発表に対して会議に参加している方々は、拍手をしています。そして、続いての発表が「残念ながらＫＧＩは達成ができませんでした」

参加者も「まあ、仕方がないね」とか「次は、頑張ろうな」という雰囲気です。ＫＰＩが全て達成されているのに、ＫＧＩが達成していないという状況の意味が理解されていない状態でした。

後に聴いたところ、経営幹部の1人が「何か、ＫＧＩとＫＰＩを導入すれば、売上や利益が上がるらしいよ」と知り合いから聴いて来て導入したようなのです。

導入する際は、コンサルも入っていたようですが、全体像を見ずに「形だけＫＧＩ、ＫＰＩ」を導入したようなのです。

よって、会議での議題にはあがるものの「どう運営すればよいか？」が不明なまま「何となく」で実行していたのです。よって、ＫＧＩはトップダウンで決定し、ＫＰＩは「自分たちが、何となく重要そうなものを適当に決めた」ということです。

これでは、事業計画にも何にもなっていません。従業員が一生懸命にしたことは、全く的外れの行動だったのです。「ＫＧＩとＫＰＩは連動している」と言葉でいうのは簡単ですが、全体像を把握していないと、それはできません。逆に、全体を把握していれば、ＫＧＩとＫＰＩの繋がりがあるのは当たり前です。

実は、「銀行・愛されメソッド」ではそもそも全体像を把握してから、各項目に分解して、「どこを強化すべきか？　どこを改善すべきか？」を決定し、それを行動計画にし、数値目標にして行くので、すべてが繋がっているのです。

つまり、「銀行・愛されメソッド」の流れのとおりに行って行けば、流れの中で、ＫＧＩとＫＰＩは設定されますし、それを達成するための行動計画まで設定されるので、実際に結果が出る計画になるのです。

よって、あえて、ＫＧＩやＫＰＩと言う言葉を使うまでもなく、自然と管理もできるようになります。

2　さらなる俯瞰をし、経営全体から銀行対応を検討する

会社の資金の流れを見る

ここで、資金の流れを見て行きましょう。

❶（資金調達）経営をして行く上では元手の資金が必要となります。よって、株主からの投資によって資金を得ます（起業したばかりのときには、株主＝経営者の場合も多いです）。それでも足りない場合は、銀行などから借入をします。

❷（資金の運用）調達した資金を運用して行きます。商品を仕入れて在庫にしたり、工場を建て製品を製造したりします。

❸（費用を使い事業活動）仕入れた商品や製造した製品をお客様のニーズに対応するために事業を行って行きます。

❹（お客様が購入）商品・製品をお客様が購入します。

以上が資金の流れです。これを決算書に直すと、図表15となります。各項目を説明します。

①（貸借対照表　BSの右側）株主からの投資額を資本金となり、銀行などからの借入を負債とします。

〔図表15　資金（キャッシュ）の流れ〕

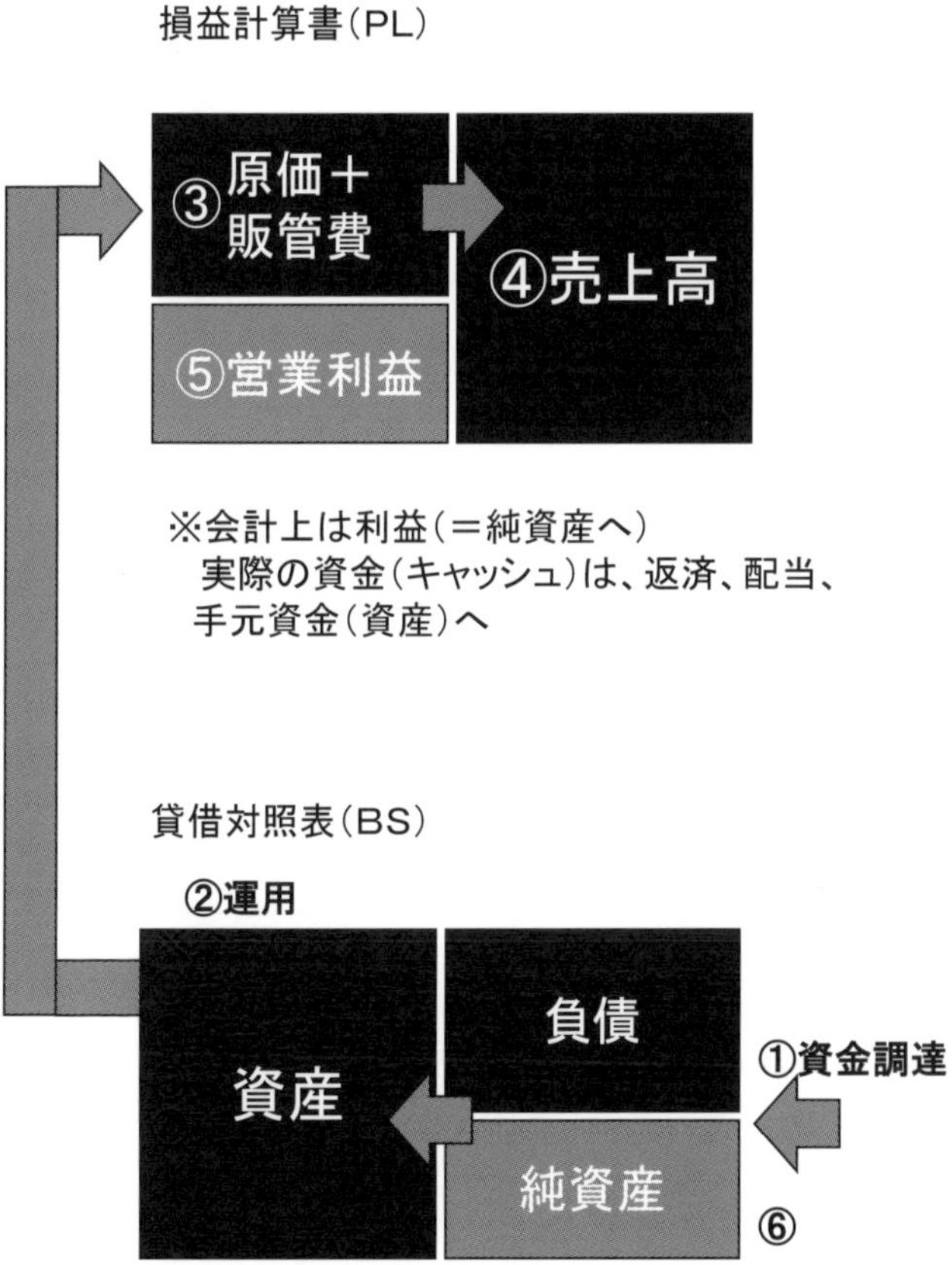

※資金の流れ
①銀行融資・投資などにより資金調達
②資金を運用（資産へ）
③資産を事業活動に使用（費用）
④売上高が上がり入金

②（貸借対照表　ＢＳの左側）集めた資金を運用したものを資産とします。
③（損益計算書　ＰＬの左側）お客様のニーズを満たすための事業活動で掛かる費用（原価や販売費及び一般管理費など）です。
④（損益計算書　ＰＬの右側）お客様がニーズを満たすために商品・製品を購買したら売上高です。
⑤（損益計算書　ＰＬの左側）売上高と費用の差額が利益になります。
⑥（貸借対照表　ＢＳの右側）利益を貸借対照表の資産の部にプラスします。

これが貸借対照表（ＢＳ）と損益計算書（ＰＬ）の関わりです。

実際の資金の流れは、図表15となりますが、「銀行・愛されメソッド」を考えていくと、事業の流れは全く違います。思い出してください。そもそものスタートは「お客様は誰か？」であり「お客様のニーズは何か？」です、

つまり、資金の流れは、調達から始まりますが、事業の流れはお客様から始めないといけないのです。図表16を見ながら流れを見て行きましょう。

①　お客様は誰か？
②　そのお客様のニーズは何か？
③　そのニーズを満たすために自社は何ができるのか？
④　何をすべきなのか？

〔図表16　事業の流れ〕

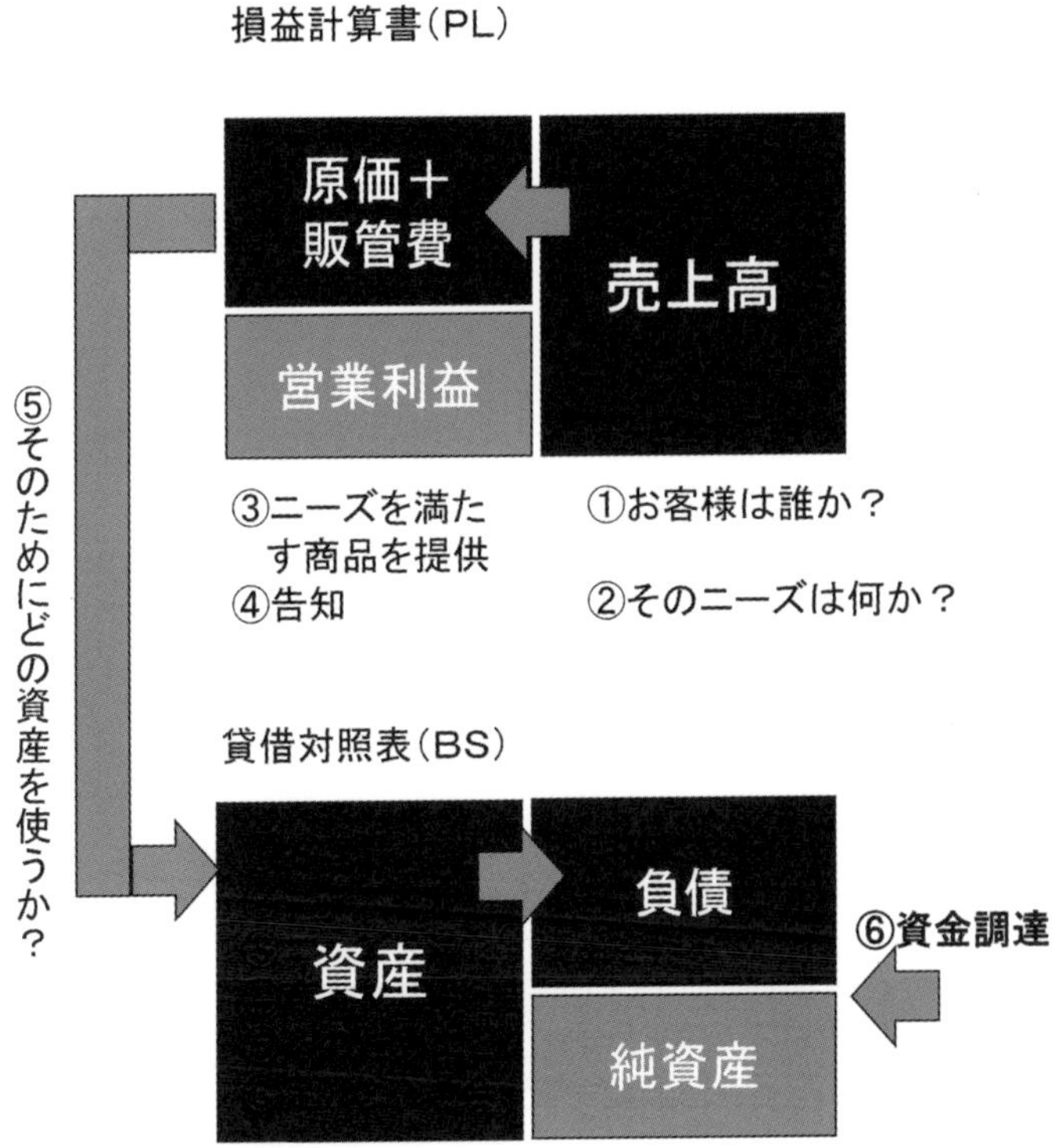

※資金の流れ
①お客様は誰か？を明確にする
②ニーズを明確にする
③ニーズを満たす商品を作る
④商品の提供・告知方法を検討する
⑤そのためにどの資産を使うか
⑥足りない場合、資金調達を行う

⑤　そのためにどんな資産が必要なのか？
⑥　その資産を得るために、いくら必要なのか？　それをどのように調達するか？

この流れを見ると、資金の流れと事業の流れは全く逆になります。だからこそ、資金調達＝銀行借入ばかり考えても、経営はよくならないのです。「銀行・愛されメソッド」のスタートがお客様だった理由もこれでわかると思います。

3　緊急の資金繰り改善を考える

「お金がない」ときの対策とは

資金が不足しているときに、「銀行からの借入」しかないことで、銀行依存体質になって行きます。しかし、資金が不足している状態は、悪循環に陥っており、そもそも業績が悪い場合がほとんどです。この状態では、銀行から見放されないまでも、しばらくは借入ができない状態です。

そのときに緊急の資金繰り改善策を考える必要があります。これを考える先には、経営全般をみて考える必要があるのです。つまり、戦略的に（俯瞰して）検討して行きます。

そのときに、前節での図表15、16を見ながら検討するとわかりやすくなります。

資金繰り改善は、貸借対照表（BS）も含めて考える

損益計算書（PL）だけで考えようとすると、売上を上げるか、費用を下げるしかありません。しかし、そもそも業績が悪くて悪循環に陥り、資金不足なので「緊急の対策」にはなりにくいです。ここで無理をしようとすると、押し売りのような話か、商品・製品の質を落とすか、広告費などを下げるかという話になって来ます。これらに取り組むためには、ある程度の時間が掛かるので、緊急になると押し売りでお客様離れが起きたり、原価を抑えることで品質の低下が起きたり、広告費を削って売上が下がってしまったりします。

ここで考えるのが、貸借対照表（BS）も含めて検討することです。

貸借対照表（BS）の右側

・資金調達の手段は銀行以外にないのか？（親戚や取引先からの借入など）
・銀行返済のリスケジュール（返済期限延長、月返済額の減額など）
・買掛金支払いのリスケジュール（支払時期の延長など）

貸借対照表（BS）の左側

・資金化できる有価証券などはないのか？
・在庫の資金化はできないか？（キャンペーンや同業他社への販売など）
・売掛金の早期回収はできないか？　もしくは不良化している売掛金の回収をできないか？

・固定資産の売却はできないか？

以上は、「緊急の対策」の一例です。会社によっては、別の手段もあるかもしれませんので、全体像を見ながら検討して行きます。これらは、あくまで「緊急の対策」なので、これで一時的に資金繰りが改善したとしても一安心してはいけません。

悪循環を断ち切るために、売上を上げ、費用を抑えて、利益を上げていくという「根本的な改善」をして行く必要があるのです。

4 貸借対照表（BS）を含めた「銀行・愛されメソッド」シミュレーション

家具の卸売業のシミュレーション

では次に、全体像でのシミュレーションをお話して行きます。これまた、先ほどのシミュレーションと同様に、自社に置き換えながら想像して行くか、コンサルを受けている想定で想像してみてください。

シミュレーションの会社の前提は、次のとおりです。

(1) 複数の営業拠点がある家具の卸売業（他社ブランドの卸売りと自社ブランドを開発し協力工場

で生産し販売するメーカーの機能もあり）。

(2) 経営者は2代目。創業者は現経営者の父親。

(3) 先代の創業のきっかけは勤めていた家具メーカーが倒産して、その顧客を引き継ぎ創業。2代目は、大手企業にて営業職として勤めていたが、先代が病に倒れたため、家業を引き継ぐことを決意。

(4) 創業40年。2代目に事業承継して20年目。

(5) 先代のときには、従業員数名の中小零細企業だったが、2代目になってからの15年は毎期、増収増益が続き、一時期は上場を検討する。

(6) ここ5年は原因不明の販売低迷。

(7) 3年連続の赤字で、銀行は融資を絞りつつあり、資金繰りに窮している。

この企業の「銀行・愛されメソッド・基本構造図」を見て行きます。

図表17を見てください。

（お客様）家具販売をしている小売店

（ニーズ）最終ユーザ（家具を実際に使うお客様）に購入してもらい、会社の売上、利益を上げること

（商　品）他社ブランド家具および自社ブランド家具

〔図表17　銀行・愛されメソッド　基本構造図（家具販売の例）〕

③他社ブランド、自社ブランドの家具	①家具販売の小売店
④営業マンのルート営業	②最終ユーザーに購入してもらう

（方　法）営業マンが各小売店に訪問し販売をする

2つの「銀行・愛されメソッド　フロー図」を書く

ここからは、「顧客意思決定フロー」と「価値提供フロー」を書いて行きます。しかし、この会社のように直接のお客様が会社であり、最終ユーザーは顧客企業のお客様の場合（BtoB企業）は、2つの「銀行・愛されメソッドフロー図」を書いていくほうがわかりやすくなります。

つまり、自社（以下、C社とします。）の「銀行・愛されメソッド・基本構造図」と顧客企業（顧客企業は複数社ですが、ここからは説明のために以下D社とします）の「銀行・愛されメソッド・基本構造図」を書きます。

さらに、それぞれに「顧客意思決定フロー」と「価値提供フロー」を書きます。顧客企業のＤ社の事は全てわからないので、想定でもいいです。

しかし、Ｄ社およびＤ社のお客様（最終ユーザー）には直接、ヒヤリングできるのであればしたほうがよく「銀行・愛されメソッド」の質が上がります。言い換えれば、事業計画の質が上がり、それを実行したときの売上や利益の伸びに影響があるということです（図表18）。

ＢｔｏＢ先の「銀行・愛されメソッド　フロー図」を書く

では、このシミュレーションのＤ社の「銀行・愛されメソッド　基本構造図」から書いて行きます。

（お客様）１人暮らし又は２人暮らしの方
（ニーズ）なるべく家具を安く手に入れたい
（商　品）家庭用家具
（方　法）店頭で安さをアピールしての販売

次に「顧客意思決定フロー」と「価値提供フロー」を書いて行きます。

まずは顧客企業Ｄ社の「顧客意思決定フロー」です。最終ユーザーの流れです。「雑誌で欲しい

〔図表18　BtoBフロー図（家具販売　例　２社)〕

＜C社の銀行・愛されメソッド　フロー図＞

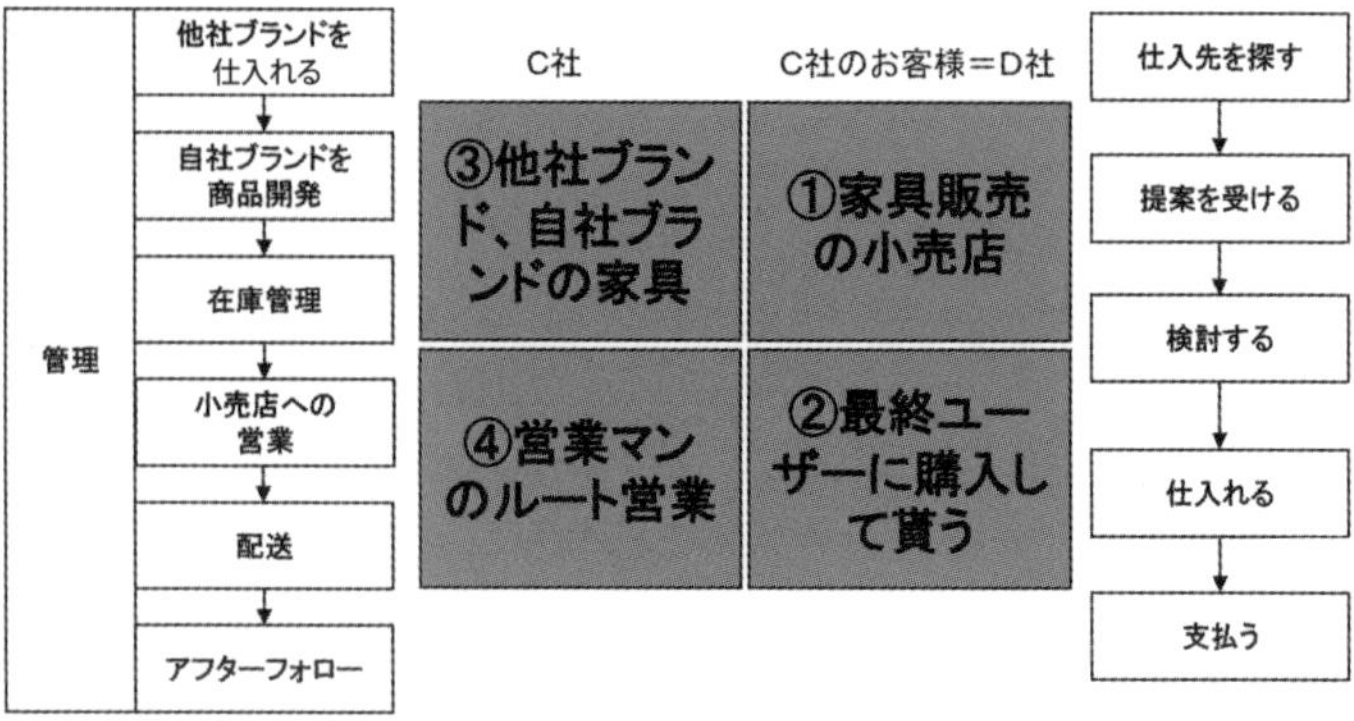

※ポイント

BtoBの場合、自社だけを見ていても、改善点が不明自社のお客様（D社）のフロー図をまで見て、どこを改善するのかを分析する

＜D社の銀行・愛されメソッド　フロー図＞

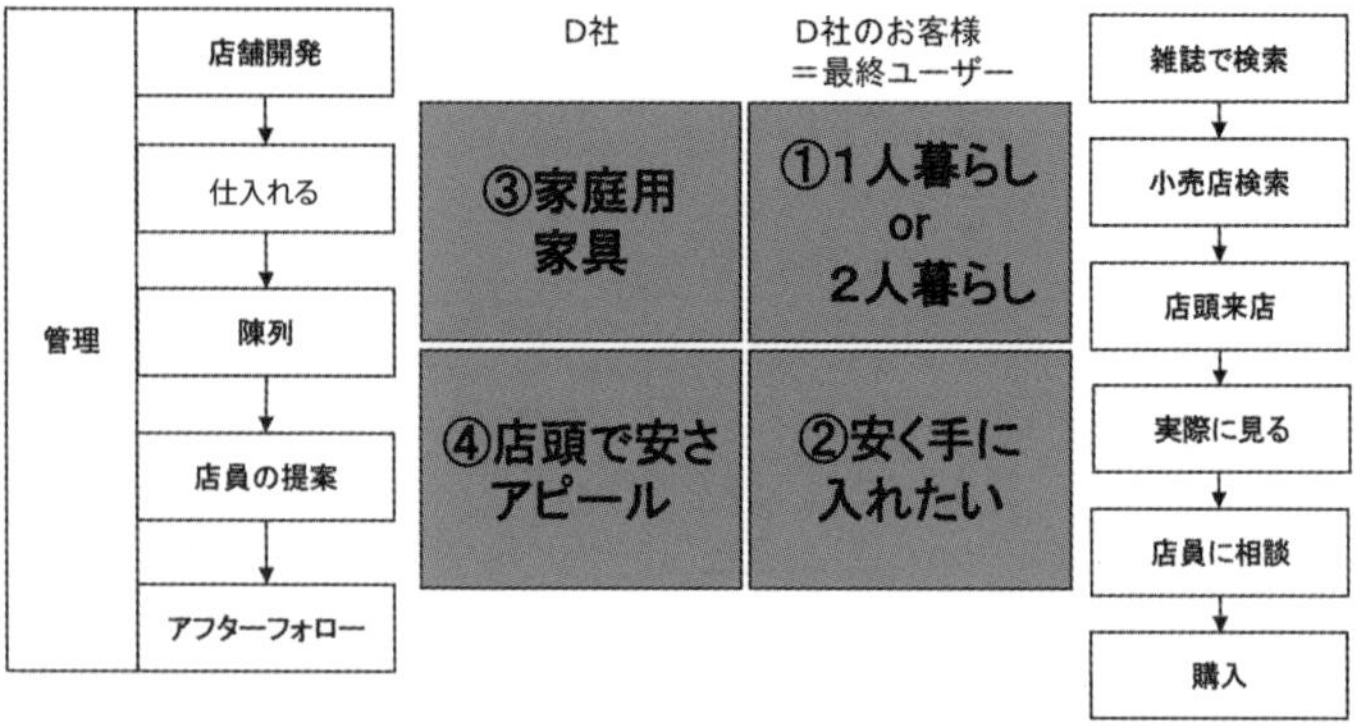

家具を探す」↓「家具の小売店を探す」↓「店舗に来店する」↓「店頭で、実際に見たり、触ったりする」↓「店員に相談する」↓「購入する」となります。

そして、顧客企業D社の「価値提供フロー」です。「店舗開発」↓「仕入れる」↓「陳列」↓「店員の提案」↓「アフターフォロー」となります。

次に、自社のお客様（D社）の「顧客意思決定フロー」です。「仕入先を探す」↓「仕入先から提案を受ける」↓「検討する」↓「仕入れる」↓「支払う」となります。

そして、自社の「価値提供フロー」です。「他社ブランドを仕入れる」↓「自社ブランドの商品開発をする」↓「在庫管理をする」↓「小売店への営業」↓「配送」↓「アフターフォロー」となります。

このように見ていくと、2代目の経営者になってから好調なときは、これらがすべて上手く回っていました。厳しいノルマを営業マンに課して、その営業マンがD社へガンガンに営業を掛けて行きました。そして、D社も安い家具を求める最終ユーザーがいて、安く仕入できる会社から仕入をしていたのです。

まさに、お客様のニーズも満たしており、C社の営業マンの質の高さにという「よさ」を発揮していました。よって、全員が満足していたので、売上、利益は伸びて行きました。営業マンを1人増やせば、その分、売上も伸び、利益も付いて来た時代だったのです。

なぜ、売上は下がったのか？

では、「なぜ、売上は下がってしまった」のでしょうか？

おそらく自社であるC社の「銀行・愛されメソッド フロー図」だけでは、分析は不十分で、「なぜ、売上が下がったか？」が判明できない可能性が高いです。

よって、２つの「銀行・愛されメソッド フロー図」を並べることによって、分析ができます。

このケースでは、最終ユーザーの環境の変化が影響していました。

以前、最終ユーザーは「家具の購入は店頭でするもの」という意識がありました。しかし、インターネットの発達、物流網の整備などでインターネット通販で購入する人が増えたのです。

これにより、２つのことが起きていました。インターネットで全国の最安値がわかるため他社ブランドの商品は価格競争が激しくなりました。また、C社の顧客であるD社の売上が落ちて行きました。

この状態では、いくらD社に営業をかけて、売上は伸びません。そして、徐々に売上減が続き、赤字体質になって行ったのです。

これらのことは、経営幹部、従業員の一部も早い段階で、「インターネット販売が浸透すれば、自社の売上は下がってしまうかもしれない」と薄々、感じていました。

しかし、まだ、売上や利益が危機的状況ではないときには、誰も言い出せませんでした。それは、

「まあ、どうにかなるだろう」と問題を先延ばしする考えが「人間の癖」だからです。

これは、「変化するより、現状維持のほうが安全」と思い込みが強いからです。この思い込みを打破して、早い段階で、改善をしていれば、このような状況になっていなかったのです。

資金繰り難の「緊急の対策」のシミュレーション

では、Ｃ社の改善策を見て行きます。まずは簡易に資金繰り表を作成し手元資金の状況を見ました。決算書の損益計算書（ＰＬ）は、あくまで一定期間（決算期間中）の売上がどうか、利益がどうかしかわかりません。

言い換えると、資金（キャッシュ）の動きはわからないのです。仮に、キャッシュ・フロー計算書があったとしても、それも過去の数値なので、「今後、資金（キャッシュ）が足りるのか？」「足りないのか？」「もし足らない場合は、いくら足りないのか？」は、資金繰り表を作成しないとわかりません。

Ｃ社の場合、資金繰り表を作成した結果、数ヵ月後には、資金ショートをしてしまう可能性があり、「緊急の対策」が必要とわかりました。

そこで、「緊急の対策」と「根本的な改善」をそれぞれ、検討して行きました。これらの優先順位を間違うと、努力しても資金難が解消されなかったり、結果が出なかったりするので注意が必要です。
ここで、「緊急の対策」を見て行きます。「緊急の対策」を検討する際には、貸借対照表（BS）を含めた「銀行・愛されメソッド　全体図」を見て行きます。なぜなら、損益計算書（PL）の改善も必要ですが、多くの対策がある程度の時間が掛かります。つまり、損益計算書（PL）の改善は「根本的な改善」のほうが多いのです。

貸借対照表（BS）から「緊急の対策」を検討してみる

よって、「緊急の対策」を検討する際には、貸借対照表（BS）を含めて見て行くことになります。まずは、貸借対照表（BS）の借入の部分を見て行きます。これは、損益計算書（PL）だけ見ていても改善に繋がりにくい部分です。また、最初にお話したように、経営者によっては、銀行を必要以上に恐れている方もいますが、あくまでビジネスパートナーであり、先方も営利企業なのです。

よって、適切に銀行と交渉すれば、問題はありません。銀行の対応によって、銀行借入だけか、別の方法も検討するのかなど、こちらの資金繰りの手段を変えて行けばよいだけです。

C社の場合、まずは新規の借入を依頼しましたが、現状の決算書の状況派では融資は不可ということでした。よって、毎月の返済の猶予（リスケジュール）を銀行に依頼しました。なお、リスケジュールとは、あくまで返済の猶予であり、返済をしなくてもよいという意味ではありません。

例えば、１，０００万円を5年で借入している場合、年間２００万円の返済になります。それを1年間、返済を猶予して、６年間で返済するというものです。

C社の取引行は5行あり、当初は、すべての銀行が横並びで難色を示しました。しかし、粘り強く交渉を続けて、まずはメインバンクに了解を貰いました。それによって、他行も追随して貰い、当面の返済は猶予されました。

これには、後の「根本的な改善」を進める事業計画書なども活用しています。資金を借りるときと同様に、「返済できないから、猶予して」という態度では猶予したくなります。

猶予して貰うことによって、その期間で事業再生をして、その後は返済をできるようになることを説明する必要があるのです。

売掛金、在庫などから「緊急の対策」を検討してみる

また、売掛金の回収の早期化も図って行きました。これは、C社では、売上のノルマが厳しく、営業マンが、とりあえず小売店に商品は販売するものの押し売りに近いので、売掛金の回収ができていないケースがあったのです。

これは、売上だけを追いかけていれば、利益が上がったときには、問題は表面化しなかったので

すが、資金繰り難に陥っている状況では、売掛金の回収は優先順位が高くなったのです。これについては、担当の営業マンに任せきりにせず、管理職に売掛金回収の先頭に立って動いて貰うことで、回収が進んで行きました。

また、物流倉庫には、まだ使えるが、デザインなどが古くなり、販売が難しい在庫が多々ありました。そこで、既存の小売店に特価セールをして販売したり、中古商品を取り扱う小売店に販売をしたりし、現金化して行きました。

在庫は、投資、融資された資金を運用し仕入れたものです。それを、倉庫の中で寝かしておくのは、資金を無駄に使っているということです。これでは、資金繰り難になるもの無理はありません。

多くの会社を訪問させていただいているので、倉庫内を見ると資金繰りの度合いがわかることがあります。倉庫内を見て、在庫を適正に管理している会社は、資金繰りもよくなる傾向があり、在庫管理が杜撰な会社は資金繰り難に陥りやすいのです。

整理整頓などの5S（整理、整頓、清掃、清潔、しつけ）をしっかりすることは、倉庫内の「生産性の向上」「安全管理」の面もありますが、「商品を大切にする」、「無駄をなくす」という意味で資金繰り改善にも繋がって行きます。

また、C社は、本社を自社所有していたので、これを売却し、賃料の安い場所に移転しました。本社などの直接、収益を生まない動産、不動産を持っている場合は、売却の対象にすることになります。しかし、本社に工場などがあり、自社所有しているほうがいい場合もあるので、それは全体のバランスを見て決定して行きます。

このように、出費を抑えて、収入を増やすことによって、銀行借入がなくても、当面の資金繰りは回るようになりました。

経営の「根本的な改善対策」のシミュレーション

しかし、これは「緊急の資金繰り対策」でしかありません。赤字になるということは、根本的に業績を回復させていかない限りは、いずれ資金不足に陥ります。

よって、業績を回復させて、さらに、銀行取引をも回復させていく必要があります。そこまで行けば、さらに「銀行から愛される状態」＝「銀行に頼らなくても資金が回る状態」にして行くことができるのです。

Ｃ社は、事業計画書を以前から作成していました。しかし、それは各営業マン、各部署にノルマを振り分けたものに過ぎません。よって、「売上さえ上げればいい」という組織風土を生み出し、危機的な状況になるまで、それを軌道修正することができずにいたのです。

経営理念、経営戦略をしっかり考えた上で、事業計画書を立てる必要があります。そして、それを実行し、計画と実績の差異を把握し、次の期の計画の経営戦略を考えていくというサイクルを回して行きます。つまり、ＰＤＣＡサイクル（計画↓実行↓評価↓改善）を回して行きます。

誤解を恐れずに言えば、「改善」の部分が事業計画書のポイントになります。なぜなら、多くの中小企業は改善までＰＤＣＡサイクルを回せていないからです。

そもそも経営理念や経営戦略に基づいて事業計画書を立てなければ、「実行」ができません。「実行」できないということは、「評価」（再分析）もできないので、「改善」に繋げられないのです。「改善」ができないと、何が起きるかというとC社のように「皆、薄々、厳しい状況になりつつあると気づいているのに何もしない」ということが起きるのです。

逆にＰＤＣＡサイクルを本気で回している会社は、「何を改善すべきか？」が早期判明している状態であり、すぐに対策を打てるのです。

成長企業の成長が失速する理由とは

上場するような成長企業でも、失速する理由はここにあります。見方を変えれば、起業時点でミスをしていない限りは、危機に陥っている会社はすべて、過去に成功体験がある会社です。

お客様のお陰か、会社の「よさ」のお陰か、外部環境のお陰かは会社ごとに違いますが、それらによって、成長して行くのです。

しかし、いずれの時期に、何らかの変化が起きます。そして、その変化を無視していると、変化が徐々に大きくなって行き、気づいたときには、失速してしまうのです。

これを防ぐには、定期的に「お客様」「自社のよさ」「外部環境」を見直して行く必要があります。それをするために、毎期、経営理念に基づいて、経営戦略を立案し、事業計画書を作成して行きます。よって、この好循環をつくるには、毎期、見直し（改善）をする必要があります。

C社も、単に事業計画書を作成するのではなく、ＰＤＣＡサイクルを回す＝次期の改善までできる事業計画書を作成して行きました。

これを作成するには、「お客様は誰か？」「お客様のニーズは？」「それを提供する自社の商品は？」「その商品をどのように提供すればお客様に届くのか？」「競合他社に比べて、自社の良さは？」「外部環境の状況はどうか？」などを検討して行くことになります。

つまり、「銀行・愛されメソッド」を考えて行くことになるのです。それは概念的な話だけではなく、損益計算書（ＰＬ）の改善に繋がり、貸借対照表（ＢＳ）の純資産の改善に繋がって行きます。これが、改善されれば、銀行から愛される会社（銀行か信用され、融資が出やすい会社）になって行きます。

改善へ繋げるには、「昔はよかった」から「今後はどうする」へ

C社の「銀行・愛されメソッド フロー図」を再び見て行きましょう。D社を含めてみると、最

終ユーザーの意識が変わってしまったので、このまま続ければ、売上は下がり、赤字になって行きます。

インターネット通販を行う競合他社が増えて来たことにより、店頭まで行って購入する機会が減ってしまったのです。

では、どこを改善すればよくなるのでしょうか？　再び、店頭に戻って来るのを願って、D社への卸売りを続けるのでしょうか？　これは、業績が下がった会社によくあるケースです。「昔は良かった」と言って、昔を追い求めるのです。すでに、お客様の意識は変わってしまっているのに。

恋愛で例えれば、元の恋人が心変わりし、次の恋に向かっているのに、「昔に戻ろう」と追いかけている状態です。可能性があるとすれば、自分自身も、昔への拘りを断って、新しい方向に踏み出すことです。そうすれば、新たな恋に気づき、いつまでも「戻らぬ元恋人を追いかける」ことはなくなるのです。

C社の場合も、インターネット通販に移った最終ユーザーを店頭に戻すには大変です。しかし、最終ユーザーは、物を買わなくなったわけではありません。つまり、「ニーズ」はあり続けています。C社の「よさ」もしくは、その先の取引先行のD社の「よさ」が競合他社との間でなくなっていたのです。

言い換えれば、「最終ユーザー」は存在し、その「ニーズ」も変わってはいません。よって、C

社の「よさ」をもう一度、棚卸（分析）をしてみました。C社の「よさ」＝「競合他社に比べての強み」は「営業力」にありました。しかし、現状では、これを活かしきれていない状態に陥っています。

さらに棚卸（分析）をして行くと、最終ユーザーにアンケートや直接、ヒヤリングをすることで、意外と自社ブランドの固定ファンがいることに気づきます。しかも、他社ブランドを卸売りするより、自社ブランドを販売したほうが、利益率が高いことにも気づきました。今までは、売上を中心に見て来たので、販売しやすく売上が伸びやすい他社ブランドを一生懸命に営業して来たのです。

お客様からみた「自社のよさ」を再度、検討へ

ここで、自社ブランドの開発力が「自社のよさ」である可能性が出て来ました。自社ブランドのインターネット通販サイトを開設してみます。まだ、テストマーケティング段階ですので、本格的なサイトではありません。この反応を見ていくと、やはり、商品自体への反応はいいです。しかし、本格的にサイト運営（サイトへの投資、集客のための販促費）などを検討すると、現状の資金繰りでは採算が合いません。

そこで、もう一度、「自社のよさ」＝「最終ユーザーと競合他社を勘案したよさ」を見直して行きます。そうすると、やはり、「営業力の強さ」が目立っています。この「営業力の強さ」をD社

の小売店舗に充てるのではなく、インターネット通販会社への営業に充てることを検討しました。

するど、他の卸売業は他社ブランドの卸売りしかしていないので、なかなかインターネット通販会社へ営業しても入り込めません。もし、入れたとしても価格競争になります。

しかし、C社の場合は、自社ブランドがあり、その開発力に「よさ」があるので、インターネット通販会社への営業もしやすく、しかも価格決定権もC社にありました。テストマーケティングの結果も反応率としては、良好であり、営業力の強さを生かして行くことになりました。

こうして、全体を俯瞰して考えたものが経営戦略です。経営戦略というと、難しいものとか、戦争に使うものとか考えてしまうかもしれませんが、「銀行・愛されメソッド」を使えば、頭の中で、全体像を想像しながら、詳細まで検討できるのです。

C社も売上が下がった原因を分析し、その対策までを「銀行・愛されメソッド」を使って立案することができたのです。そして、行動計画も、「もっと頑張ろう」という精神的な話でもなく、「まずは売上を上げろ」という何の根拠もないものでもないのです。

以前は、営業マンの人数と、その営業マンがD社に訪問する回数によって、売上が左右されていました。根本的な改善＝経営戦略を見直さなければ、行動計画も「もっと営業マンを増やす」「営業マンの訪問回数を増やす」という的外れな対策（ＫＰＩ）になっていたはずです。

しかし、経営戦略から見直しているので、「商品開発に時間をかけ、自社ブランド数を増やす」「インターネット会社への営業訪問数を増やす」という対策＝行動計画（ＫＰＩ）になって行きました。そして、その集計が売上目標、利益目標となり事業計画の数値目標（ＫＧＩ）となって行きました。

ＫＰＩ、ＰＤＣＡサイクルが上手く運営できない理由とは

ＫＰＩやＰＤＣＡサイクルが上手く運営できないという話はこの点がポイントです。ＫＰＩの設定もしくは計画自体の設定が、そもそも違うのではないかという点です。右の例では「小売店への営業回数を増やす」というＫＰＩではいくら頑張っても、いい結果は出ません。

Ｃ社はこうして、事業計画書を作成し、ＰＤＣＡサイクルを回していきました。事業計画書は、リスケジュール交渉の際にも提出し、銀行にも納得してリスケジュールに応じて貰いました。この事業計画書は、銀行などの外部に見せるだけの「計画のための計画」ではなく、「実行する計画」ですので、全従業員にも説明会を開催し、浸透させて行きました。

月次で、ＫＰＩを含む計画の進捗度合いを把握、分析し、差異があれば、すぐに対策を打って行きました。「事業計画書を立てても、振り返りをしない」のであれば、全く作成した意味がなくなってしまいます。振り返りをすることで、次に繋がるのがＰＤＣＡサイクルなのですから。

１年経って、売上、利益は回復基調にありました。それによって、銀行返済を一部、再開して行きます。さらに、２年経って、銀行返済を通常に戻しつつ、新規の借入をして行きました。

Ｃ社は、インターネット通販会社を通じて、最終ユーザーに商品を届けることができるようなって行きました。これによって、地域の限られた小売店への卸売業から、全国を対象にしたインターネット通販会社への卸売業・メーカーになったので、売上も回復して行きました。そして、自社ブランド商品がほとんどを占めるために利益率も上昇し、資金繰りも改善して行ったのです。

5 「銀行・愛されメソッド」が実行されることで何が起きるのか？

「一度、改善すれば終わり」ではない。継続的な改善の必要性

Ｃ社のその後の話を続けます。その後も、Ｃ社は、毎期、事業計画書を「銀行・愛されメソッド」に基づいて作成し、順調に成長していき、再び上場準備に入って行きます。このときには、銀行は通常返済、通常借入ができる状態であり、どちらかというと、銀行から「資金を借りませんか？」と提案されるという状態になっていました。まさに「銀行から信用され、いつでも資金が借りられる状態」になったのです。

しかし、内情は楽観できるものではありませんでした。再び、成長期に入ったので、売上は順調ながら、社内体制に様々な問題が起きて行きます。上場するための上場審査を通過するにも、それ

らの問題も改善して行く必要が出て来ました。

問題の多くが管理体制の整備です。「銀行・愛されメソッド」の自社内の「価値提供フロー」を見直しました。すると、数年前の危機的な状況のときには、「自社のよさ」を伸ばして行くことが課題でした。しかし、組織規模が大きくなるにつれて、「管理」の部分の重要性が増して来たのです。

例えば、営業マンがインターネット通販会社から受注を得て、配送をするのですが、その配送センターで受注のミスが起きたり、配送自体のミスが起きたりしました。せっかく、営業マンが受注してきたとしても、インターネット通販会社およびその先の最終ユーザーに迷惑がかかり、次の受注に影響が出てきてしまうことになりました。

この状態では、管理体制の整備の遅れが、売上や利益に影響をしてきてしまう状態です。また、この体制では、数値管理も杜撰なので上場基準に対応できない状態でした。

ここでも、先ほど出てきた「強みを伸ばすか？　弱みを改善するか？」という話が出て来ます。結論から言うと、「状況によって強みを伸ばす場合もあれば、弱みを改善する場合もある」ということになります。経営は、バランスが重要ですが、経営資源を平等に分散させることが経営のバランスではありません。経営全体を俯瞰してみて、「今は、ここに注力しよう」「次は、ここに注力しよう」とバランスを取ることなのです。よって、強みを伸ばしたほうがいい時期であれば、強みに注力しますし、弱みの改善をしなければいけない時期であれば、弱みの改善に注力するのです。

中長期的な改善に取り組む必要性

C社で言うと、資金不足に陥った時期に、管理体制の整備などの中長期の問題に時間を掛けている暇はなかったのです。まずは、「緊急の対策」で資金繰りを回す手段を素早く行動に移して行きました。そして、次に「根本的な改善」として、売上を回復させるビジネスモデルの改善（強みを見直し、強みを伸ばす策）に注力していき、業績を回復させて行きました。

そして、ここまで来て、管理体制の整備に注力する段階が来たということです。つまり、その前の段階で力を分散させてしまえば、ここまでのV字回復はなかったのです。

さらに、従業員の採用、教育、育成にも力を入れました。これは、「緊急の対策」では、後回しにされていたものです。しかし、中長期的に成長して行くためには、従業員、組織の成長も必要不可欠だからです。

こうして、C社は、「資金繰りの危機」を乗り越え、次に「成長の歪」を乗り越えて、上場準備に邁進して行きました。

これが「銀行・愛されメソッド」の全貌です。「銀行・愛されメソッド」は「銀行から愛される会社になるためのメソッドです」と言っていますが、それだけではなく「お客様から愛される会社になるため」でもあり「銀行依存から脱出するため」でもあり「投資家からも愛されるため」のメソッドなのです。

第5章　融資に強くなる銀行との付き合い方とは

1　銀行には儲けさせてあげよう

銀行は「儲ける」のが仕事

ここまで、説明の中で銀行取引についてお話して来ましたが、バラバラだったので、ここで、銀行取引について、まとめて行きます。

先ほどお話したように、銀行は、金融庁の監督の下、経営をしているので、一般企業とは若干の違いはあります。また、日本の経済や地域の経済にとって金融という必要な役割を担っている部分もあります。しかし、やはり会社としては、通常の株式会社と同様に、営利企業なのです。つまり、会社を存続させて行くために「儲け」を出す必要があります。

私は、コンサルタントとしてだけでなく、会社内の財務としても多くの銀行と対話をして来ました。その中で、「儲け」という部分には銀行は鋭い視点を持っていると感じます。もしかすると、一般企業以上に「儲け」について考えています。それはそのはずです。自社が儲けると意味もあれば、扱っている商品が「資金」であり、その融資先の「儲け」によって自分たちの「儲け」も関わって来るからです

「銀行は儲けるのが仕事」というと、なぜか「いや、公共性の強い会社だろう」というイメージ

がある方もいます。ですが、銀行が儲けることは決して後ろめたいことはありません。それどころか、今後、銀行が生き残って行くためには、「儲け」は絶対に必要なものです。

銀行対応の「銀行・愛されメソッド」をつくってみる

銀行取引を円滑にして行くためには、銀行のことを丸裸にして行く必要があります。つまり、「銀行が何を考えているか？」がわかればいいのです。

この「相手を知る」流れは、「銀行・愛されメソッド」でお客様を徹底的に分析したのと同じです。よって、銀行のことを知るために、銀行取引バージョンの「銀行・愛されメソッド」を見て行きましょう。

まずは、銀行のニーズは何かを考えて見ます。銀行のニーズは「儲ける」ことです。つまり、「儲けさせてくれる取引先企業」を求めています。

図表19をご覧ください。「銀行・愛されメソッド」の基本構造図を「銀行取引バージョン」にしたものです。自社が左側にいて、右側にお客様の代わりに銀行を入れています。

「銀行・愛されメソッド」ではお客様のニーズを満たす商品・サービスを提供することで、売上、利益が上がりました。これを「銀行取引バージョン」にすると、銀行のニーズを満たすような会社になることで、銀行取引（資金調達）がスムーズに進むことになります。

〔図表19　銀行・愛されメソッド　銀行取引バージョン　基本構造図〕

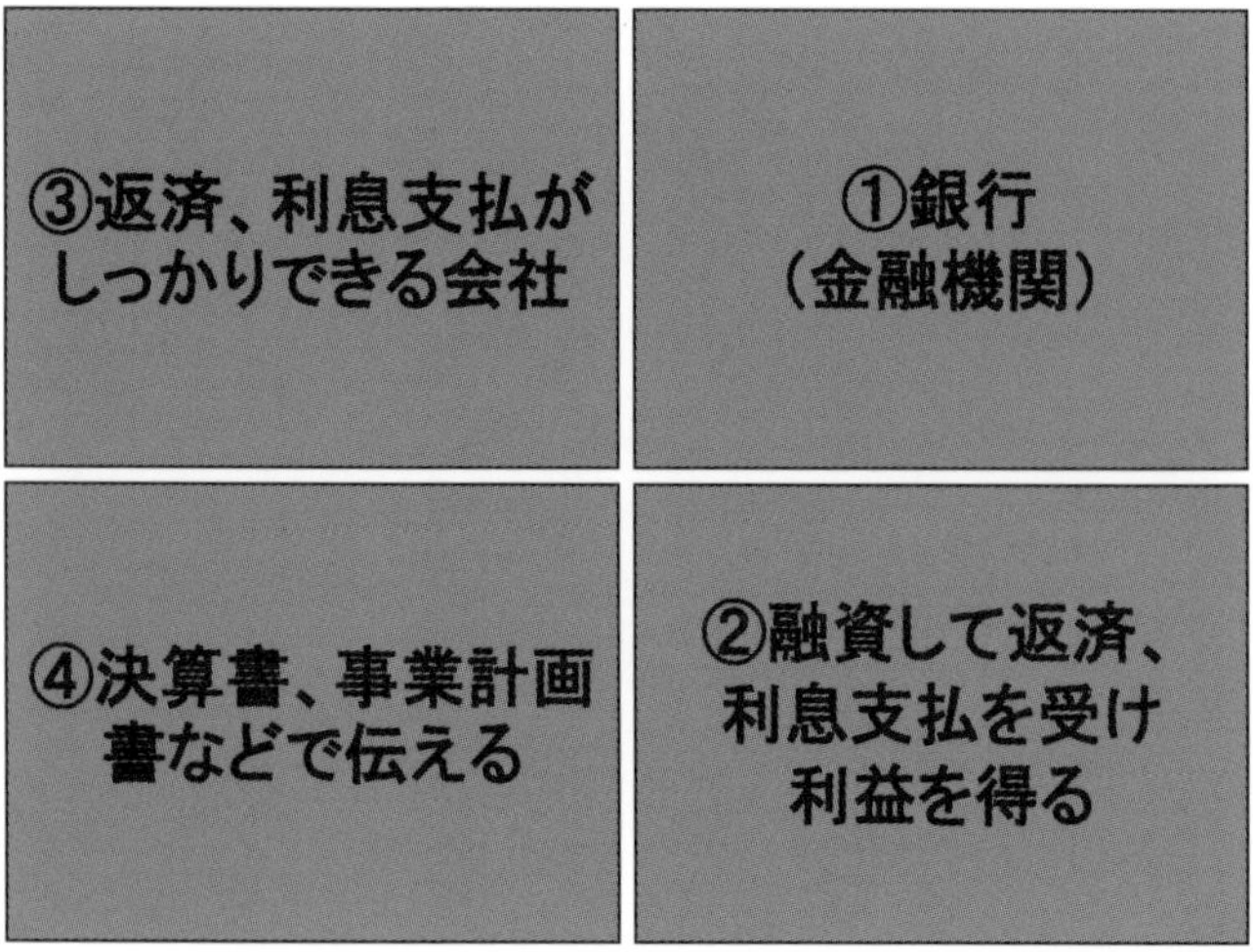
①銀行
（金融機関）
②融資して返済、
利息支払を受け
利益を得る
③返済、利息支払が
しっかりできる会社
④決算書、事業計画
書などで伝える

次に、「顧客バージョンの銀行・愛されメソッド」と同様に、フロー図を使って、さらに徹底的に銀行の意思決定の流れまで知ることで、「銀行は何を考えていて、どのように意思決定して行くのか？」がわかるようになります。

銀行の「融資意思決定フロー」を考えてみる

図表20をご覧ください。「銀行・愛されメソッド」の「顧客意思決定フロー」を「銀行取引バージョン」にしたものです。言い換えれば、「銀行の融資意思決定フロー」です。ここで注目してほしいのは、「格付け」です。

前にもお話したように、銀行は、毎期、

〔図表20　銀行・愛されメソッド　銀行取引バージョン　フロー図〕

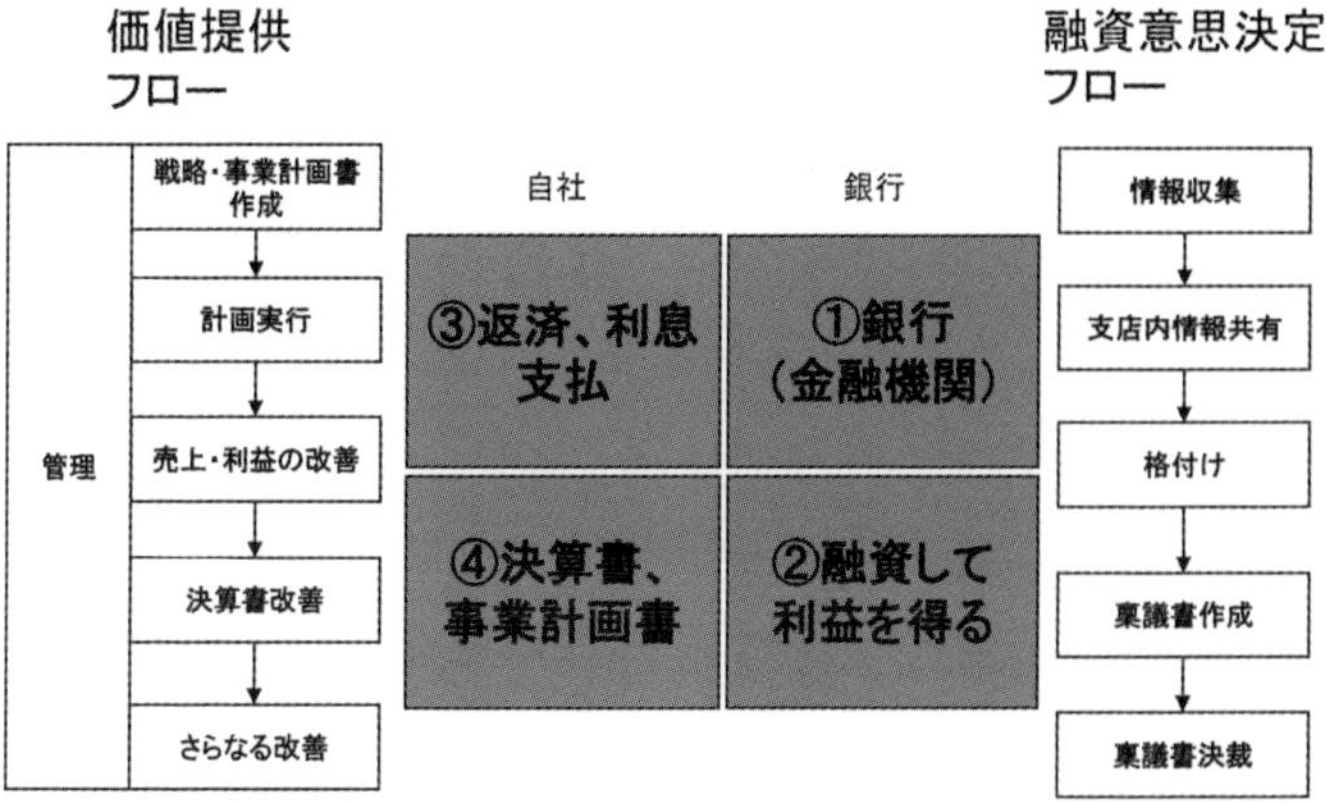

自己査定という「融資先企業の格付け（ランク付け）」を行います。以前は、「金融検査マニュアル」というマニュアルがあり、それを元に、各銀行は、取引先（融資先）の格付けをしていました。それが、廃止されて、事業性を評価するようになりつつあります。

しかし、事業性を評価すると言っても、決算書の情報を全く無視するわけではありません。

逆に、１回目の融資の審査時に、事業計画書に基づいて、事業性を高く評価し融資判断をしていれば、毎期の決算が出たときに、計画と実績に大きな差異が出ると、銀行は、次の融資を出し渋りする可能性が出て来ることになります。

つまり、「銀行が儲かる」というニーズに対して、会社側がそれに反したものしか提供できなかったということです。

それを防ぐには、1回融資を受けるためだけの事業計画書ではなく、継続的に融資を受けることができる事業計画書が必要となります。

それは、お客様の意識や環境の変化があっても、それに対応できるようにして行ける事業計画書であり、自社の商品やサービスを取り巻く環境の変化があってもそれに対応できるようして行く事業計画書です。

これは、今まで見たとおり、「銀行・愛されメソッド」の作成の流れで作成して行く事業計画書で、すべてに対応できることになります。

さらに、具体的には、何をどうして行けば、売上、利益は上がるのかという、詳細な行動計画を明確にしている事業計画書である必要があります。

つまり、「整合性も取れていない、雛形を埋めただけ」の事業計画書では、まず1回目の融資が出ません。それは、「返済、利息の支払いができない＝銀行は儲からない」ので、融資はしないからです。

ここで、「融資が出る事業計画書を作成しましょう」という話が出て来ます。しかし、この「銀行・愛されメソッドの銀行取引バージョン」を考えてみれば、1回、融資が出たとしても、行動計画までに落とし込んでいない計画書では、次期の決算書において、売上・利益は出ず、銀行は儲からないと判断して、次回以降、融資が出なくなります。

銀行に「当社は何を提供」できるのか？

銀行のニーズは「儲けること」であり、その視点で、銀行側のことを知って来ました。では、会社側はそのニーズを満たすために何を提供できるのでしょうか。

「銀行・愛されメソッド」では、「価値」とは、「お客様のニーズを満たすためのもの」なので、それとは若干、違いがあります。「銀行が儲ける」という「価値をどう提供するか？」です。

見てのとおり、資金を借り入れて、「返済、利息の支払いをする」ことで価値を提供して行きます。この価値の提供の確実性が高い会社に融資するのです。だからこそ、「晴れに日に傘を貸し、雨の日に傘を取り上げる」のです。

確実性が高くなければ、融資はしません。晴れの日ならば（＝業績がよければ）確実性が高まるので融資をしますが、雨の日には（＝業績の悪いときには）確実性が低くなるので、優良企業にしか資金を出さなくなるのです。「価値提供フロー」の「銀行取引バージョン」を見ると、すべてのからくりがわかって来ます。つまり、返済・利息の支払いができるという確実性を高めて行くしか、天候に左右されない会社になれないのです。

「銀行とは何か？」をさらに掘り下げてみる

「銀行・愛されメソッド」の基本構造図の「銀行取引バージョン」を見て来ましたが、これは、

〔図表21　銀行・愛されメソッド　銀行経営バージョン　フロー図〕

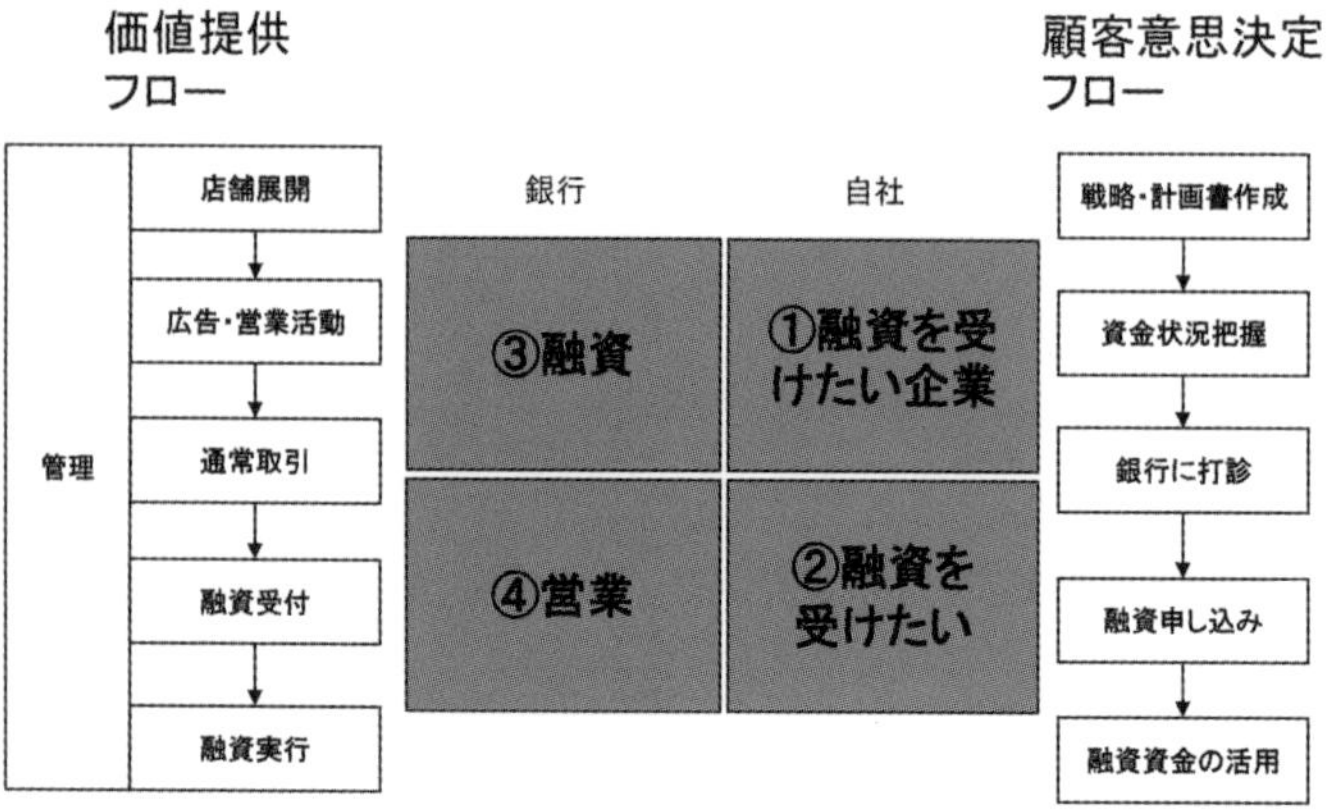

自社からの目線で分析して言ったので、銀行が「お客様」側でした。

さらに銀行のことを深く知って行くために、今度は、視点を変えて、銀行の立場から「銀行・愛されメソッド」の「銀行経営バージョン」を見て行きましょう（図表21）。

今度は、逆に、銀行が左の会社側、自社が銀行から見ればお客様側になります。こう考えると、銀行の置かれている立場がわかって来ます。銀行も競争の中に置かれているのです。以前のように、護送船団方式の時代であれば、指導監督は厳しかったかもしれませんが、淘汰されることはありませんでした。

しかし、今の時代は生き残りに必死です。メガバンクは海外の銀行との競争があり、国内の地銀、信金も単に融資をしていただけでは儲からないので、合併なども進んで行きます。ここ数年、地銀でも合併や提携が多いのは競争が激しく、生き残りのために、企業規模を大きくして行く流れだからです。

こうした、銀行の立場もわかっていると、銀行取引の対策も早めに打つことができます。

近くの銀行同士が合併すると、支店の統廃合が起きて実務上、大変になるというだけではなく、融資枠が削られる可能性もあるのです。

例えば、Ｅ銀行で１，０００万円、Ｆ銀行で１，０００万円を借りていた場合、その２行が合併して、新銀行で２，０００万円を借入できるかどうかはわからないのです。

もしかすると、１，０００万円分の融資枠がなくなって、トータルとして借入額が減ってしまう可能性もあるのです。そう考えると、早めに、銀行取引をできる先を増やしておくほうがいいという判断もできるのです。

また、銀行が融資以外でも儲けて行く必要が出て来たときに、融資以外の営業もして行くことになります。最近、銀行の担当者が「○○というサービスを、提携先で始めたのでどうですか？」というような営業が増えて来ました。会社側のニーズからすれば、「資金調達」の優先順位が高いので、なかなかマッチングしません。そこを十分に理解している銀行の担当者は、しっかりと「融資」を行いつつ、人間関係をつくって、その他の提案もしています。

このように、銀行の担当者が「お付き合い」でクレジットカードやその他の金融商品の提案をすることがありますが、基本は、断ってもいいです。融資をチラつかせて無理やり、勧誘するのは、銀行という優越的地位の濫用になるので、真っ当な銀行の担当者は、そこまではしません。

しかし、自社にとって必要なものであれば、契約するのも問題ないです。また、通常から融資取引があるのであれば、他の業者に頼むより、会社のことを理解しているという意味では銀行経由を選択することもいいことです。

結局は、銀行としても、「儲かるためには、普段からの融資をしっかりしておくことは重要なこと」なのです。このことを会社側も理解して行くと取引がスムーズになりやすいです。

「銀行の立場」を考え、取引をスムーズにする

これは、先ほどの事業性評価での融資になって行けば、さらに加速します。普段から、会社の内容を把握していないと、なかなか事業性評価は難しくなります。また、融資した後も、進捗管理（モニタリング）をしていかないと次の融資を出すかどうかを判断できないので、会社との対話の重要性も増します。

このように銀行も一般企業と同じく、競合との競争を生き抜かなければならないという立場をわかっていると、銀行取引もスムーズになるのです。ここまで見ると、銀行に土下座して泣きつけてもダメで、逆に脅してもダメという初めの話の意味がわかって来ます。

つまり、銀行に儲けさせることができる会社が融資を受けやすくなるのです。

「何となく、ダメだろう」と思っていても、なぜダメなのかわからないとパニックになったときにやってしまいます。そうならないためにも、この関係性や銀行の立場を理解しておくことで、銀行取引はスムーズになります。

なお、余談ですが、「銀行・愛されメソッド」は、他の人間関係などでも使えます。例えば、上司・部下の関係でやってみましょう。どちらを左にするか、右にするかは自分で決めてください。

例えば、自分が上司で左にした場合、右が部下になります。「部下のニーズは何か？」というところから徹底的にやり、部下のことを知ることです、もちろん、「知る」と言っても、セクハラ、パワハラなどにならないように気をつけてください。その上で、ニーズを知れば、人間関係も良好になります。逆に、部下のほうが自分を左側、上司を右側として、「どう価値提供をするか？」などを考えて行動することによって、上司に認められ、昇進して行くこともあるでしょう。

2　銀行の「言い成り」になるべきか？

それでも「銀行の言い成り」にはならないで

銀行の立場を知っていないと起きるデメリットは、他にもあります。銀行の「言い成り」になることです。このパターンも２つのパターンが考えられます。

1つ目が「土下座してお願いする」のと同じ心境で、銀行からの融資を気にしすぎて、恐れるあまりに「言い成り」になるパターンです。これは、すでにお話しているように、土下座してもダメなように、「言い成り」になっていても、銀行は「儲からない」と判断すれば融資をしてくれないのです。

まずは、自分の会社が銀行にとって本当の意味での必要な会社と思って貰うことです。そのためには、「銀行・愛されメソッド」をしっかりと作成しておくことで、「言い成り」にならなくなるのです。

2つ目は、会社の状態（決算書、資金繰り表など）を把握していないために、「言い成り」になってしまっているパターンです。例えば、「資金が不足している」状態で、銀行に融資依頼をしているのにも関わらず、「では、融資希望額は？」と聞かれて、「答えられない」または「できるだけ欲しい」というパターンです。

これでは、銀行が「融資不可」と言えば、それまでですし、「融資額は500万円」と言われれば、それに従うしかないのです。

本来であれば、「1，000万円が必要」でも、資金繰りの状況を把握していないので、「必要性を説明できない」のです。

精度の高い資金繰り表を作成するためには、その前提として精度の高い事業計画書が必要となります。事業計画書で、どのくらいの売上が上がり、そのための費用がどのくらい掛かるかを正確に把握しているからこそ、それによって今後の資金の動きを予想することができるのです。

また、粉飾決算などをしていると、本当の自社の財務状態がわかりません。しかも、粉飾を指摘されるのを恐れるので、これまた「銀行の言い成り」になるしかないのです。

これを避けるためには、そもそも「銀行・愛されメソッド」を使って、経営戦略、経営戦術を練り上げ、事業計画書を作成し、それを実行して行くことです。

こうすることによって、自社の決算書の状況を把握しつつ、精度の高い事業計画書を作成できます。それによって、精度の高い資金繰り表も作成できるので、資金の状況を把握して、銀行と対等に話すことができるのです。

3　銀行借入では、本当の意味の「資金繰り」は改善しない

銀行からの借入は「悪」なのか？

銀行からの借入自体を「悪」と見なす人がいます。過去、周りの人で、個人的に借入が返済をできなかったり、会社が倒産してしまったりという経験のある方は、そう思うかもしれません。

しかし、事業を行って行く上では、資金は重要です。

例えば、1億円の設備投資をして、今後20年の間、毎年1億円の利益がでる事業であれば、その設備投資はしたほうがいいです。そのときに、手元資金が1億円なければ、年間1億円の利益を得るチャンスを棒に振ります。そこで、利息を払っても、1億円を銀行から借入をしたほうがいいという経営判断になります。

極端な例ですが、「銀行借入＝悪」としてしまうと、損をすることになる例でした。前節の例のように、自社の状況がわかっていないまま、借入をすれば、返済・利息の支払いができなくなるので、「悪」と言えますが、それはあくまで「銀行借入＝悪」ではなく、「自社の状況を把握せず無謀な銀行借入＝悪」なのです。

銀行借入で「資金繰り」は改善するのか？

銀行借入をしても、「緊急の資金繰り」は改善しますが、「根本的な資金繰り」は改善しません。どのような意味かと言うと、中長期には、資金を活用して、売上、利益を生み出していかないと資金繰りは改善しないからです。

つまり、銀行借入だけで「資金繰り」が改善するのではなく、銀行借入した資金を活かすことができれば、資金繰りが改善して行くのです。

銀行借入を活かす経営とは

自社の状況がわかっていないまま、銀行借入をすると、その資金が全く経営に活かせません。つまりは、売上も利益も上がらないので、ただただ無駄に垂れ流して行くことになります。

逆に言えば、得た資金をどのように使えば、お客様のニーズを満たすことになるのかが、わかっていれば、いいのです。それが「銀行・愛されメソッド」を活用した事業計画書なのです。

「融資に強い」「補助金に強い」では限界がある

経営者とお話をしていても、「どんぶり勘定」の方もいれば、融資や補助金を勉強されていて、「資金調達の強い」という方もいます。

しかしながら、それだけでは、経営は成り立ちません。確かに、資金繰りに苦しんでいる経営者は多く、その苦しみのために、経営が疎かになることもあります。だからと言って、資金調達だけで会社がよくなるわけではありません。その資金を活かしていかない限りは、いくら資金調達しても「ザルで水をすくう」ようなものなのです。

また、恋愛の例で言えば、結婚をゴールとしていると、結婚した後、苦労することもあります。結婚してからが、新しい家族のスタートだからです。

経営でも、「資金調達がゴール」ではありません。なのに、ハードルが高いためか、「資金調達がゴール」と考えてしまうこともあります。しかし、思い返せば、「資金調達はスタートで、その資金を活かして行くことがゴール」なのです。

4 銀行以外にも、資金調達方法はたくさんある

銀行からの借入方法（銀行の種類編）

中小企業ですと、資金調達というと、銀行の融資がすぐに頭に浮かびます。しかしながら、その他の資金調達方法もあります。様々な調達方法を見て行きますが、まずは、基本的な銀行の調達から見て行きます。

銀行と言っても、大きく分けると、政府系の金融機関と民間の金融機関があります。政府系の金融機関としては、日本政策金融公庫、商工中金、日本政策投資銀行などがあります。特に、日本政策金融公庫は起業時に資金調達しやすい金融機関でもあります。

また、大きな災害などがあった場合に、緊急の融資・資金繰りの相談に乗ってくれる金融機関でもあります。東北の震災やコロナ禍でも、それに対応する融資を行っていました。企業規模によって、対象となる金融機関は変わりますが、いざというときのために、政府系金融機関との付き合いもしておくほうがいいです。

民間の金融機関は、メガバンク、地方銀行、信用金庫などがあります。民間の金融機関が直接融資をすることをプロパー融資と言います。それに対して、信用保証協会の保証を付けて融資をすることも多いです。「保証付き融資」とは何かと言うと、返済ができなくなったときに、信用保証協会が銀行に返済を行うこと（代位弁済と言います）の保証が付いているものです。

会社側から見ると、返済が不要になるわけではなく、返済先が銀行から信用保証協会に移るだけです。一括弁済を求められることもありますが、そもそも返済ができなくなって代位弁済になっているので、分割で支払っていくしかありません。会社側からすると、信用保証協会への保証料も支払うのでメリットがなさそうに見えます。

しかし、プロパー融資に比べて、いざというときに、銀行は返済をして貰えないリスクを減らすことができるので、融資をしやすくなります。会社から見れば、信用保証協会が存在することによって、銀行借入がしやすくなっているのです。

銀行からの借入方法（借入の種類編）

借入の種類は、大きく２つに分かれます。１つ目が運転資金で、２つ目が設備資金です。運転資金は、企業が経営をして行く中で、必要な資金のことです。例えば、売掛金の入金が１，０００万円あるけれど、１ヵ月後。でも費用は３００万円だけど今すぐ払うという場合、７００万円の利益は出るけれど、一時的に300万円不足します。これを運転資金として調達するのです。

次に設備資金です。これは、設備投資に対しての資金です。例えば、「この機械を500万円で購入するから、その資金を借りる」ことです。

よって、運転資金は、事業全体の資金繰りを見ながら融資判断され、設備資金は、その設備によってもたらされる利益によって融資判断されます。

この違いをわかっていないと、銀行から「融資して欲しいというけれど、運転資金ですか、設備資金ですか？」と聞かれたときに、「貸してくれるならどちらでもいい」という返答になってしまいます。これでは、銀行としては、融資しても返済や利息の支払いができるか不安なので、融資を出さなくなります。よって、「銀行・愛されメッソド」に基づいて、事業計画書を作成していれば、何にいくら必要かは把握できることになります。

銀行の以外の資金調達方法とは（社債編）

では、銀行借入以外の資金調達も見て行きましょう。

まずは、社債です。社債は、投資家に対して募集する債券です。利息額も償還額も決まっています。上場企業以外ですと、なかなか一般投資家に向けて募集は難しいので、その際は、私募債もあります。私募債は、特定少数の投資家に対して募集する債券です。特定少数なので、募集も楽ですし、法律上も簡便な方法での募集が可能です。

例えば、資金調達をしたいけれど、銀行借入以外の方法で、さらに出資も避けたいという場合に、取引先などに対して、私募債を募集して、資金調達することが考えられます。

なお、銀行の商品としても私募債があります。これは、銀行が100%私募債を引き受けるものが多いです。つまり、借りる側からすれば、調達する方法が違うだけなので、あまり気にせず銀行からの私募債の提案に乗りやすいです。

しかし、注意点もあります。債券なので、支払いや利払いができない場合、デフォルト（債務不履行）になるという点です。通常の銀行借入なら経営状態が悪い場合、返済猶予をして貰えるように交渉しますが、私募債の場合は、期日に支払猶予はできません。この点には注意が必要です。

銀行の以外の資金調達方法とは（株式市場編）

次に、株式市場での調達です。会社を株式市場に上場させて、投資家から出資を募るものです。社債・私募債の場合は、返済が終われば関係性はなくなりますが、出資の場合は、株式を所有して貰うことになるので、株主となります。

言い換えると、社債・私募債は期日には借りた額を返済することになりますが、出資の場合は、返済義務はありません。しかし、利益が出たら配当の支払いがあり、株主として会社の一部を所有されることになります。

また、上場するには審査があります。通常2～3年以上の準備期間が掛かり、それに対応する人員の増加などで費用が掛かります。

これらを見越して、上場するかどうかを決定して行くことになります。

また、別の手段として、補助金、助成金も資金調達の手段です。大きく分けると、補助金は審査があり、その審査を通過した会社が貰えます。

一方、助成金は、条件を満たして申請すれば貰えます。

どちらも、申請しなければ、対象にはなりませんので、補助金、助成金の情報は常に意識しておいたほうがいいです。

5 資金調達に頼らない資金繰りとは

資金調達に頼らない資金繰りをして行く

資金が不足している場合、資金調達を先に考えることが多いです。資金調達自体の難易度は別にして、わかりやすいからです。

しかし、資金繰りの改善としては、資金調達は1つの手段に過ぎません。逆に言えば、資金調達の一本で資金繰りを考えて行くと、資金調達ができない状態になったときには、簡単に行き詰まります。

例えば、業績が落ち着いていても資金が不足気味の会社があるとします。そこで、銀行からの融資を受けて資金繰りを回して行きます。

しかし、業績が落ち込んで来ると、資金は大幅に不足して来るのに対して、決算書は悪化するので、銀行は融資を絞る可能性が出て来ます。このような場合に、銀行の担当者から「融資、行けそうです」といわれていたにも関わらず、決裁がおりず断られると、資金が不足するので、「土下座」に繋がってしまいます。

これを避けるために、「銀行・愛されメソッド」で業績を回復させて行くのです。その前に、精度の高い事業計画書であれば、融資も再検討して貰えるかもしれません。それでも、融資が出ない場合に対応するために、経営全体を見渡して、資金調達だけに頼らないようにして行くことも重要となります。

つまり、「銀行に頼りすぎる姿勢＝銀行への依存体質」から脱却するためにも「緊急の資金繰り対策」と「中長期の改善への取り組み」が重要になってきます。逆を言えば、これらを順序よく対策、改善をして行くことによって、銀行から愛され、銀行からの調達に左右されない状態をつくる事ができるのです。

銀行と会社との関係性

銀行と会社との関係性をまとめて行きます。そもそも題名が「銀行・愛されメソッド」なので、銀行との関係を良好にする方法だと思って読み始めたかもしれません。

しかし、結論は「会社が儲かり、成長して行くための方法」が「銀行・愛されメソッド」なのです。「会社が儲かり、成長している状態」だからこそ、「銀行から愛される＝銀行と対等に話ができる」様になります。

逆を言えば、会社が儲かっていないから、銀行に「依存」「媚びる」ことに繋がって行きます。銀行も、依存されても、媚びられても、自行が儲からないと意味がありません。

よって、「銀行・愛されメソッド」を使用し、ビジネスモデルを改善していき、売上・利益を上げていき、会社も、銀行も儲かる状態にして行くのです。

ここで、売上・利益が上がるようになれば、銀行との取引はなくなるかという疑問は出てきます。しかし、会社が成長する中では、前向きな運転資金が必要になったり、次なる成長のための設備投資が必要になったりします。また、震災やコロナ禍のような急激な変化で一時的に資金が必要になる可能性もあります。それらの資金需要に対応するためにも、普段から会社も、銀行も儲かり、銀行と対等な立場を維持していくことは大切なことなのです。そのために、日常から、通常の銀行取引も継続して行くことになります。

第6章　銀行から愛される会社＝キャッシュ・リッチ企業への道

1　経営者は未来を創り上げて行くことが仕事

未来は誰にもわからない。だからこそ経営者は創り上げて行く

経営が上手く行っている経営者は「タイムマシーンを操っているが如く経営をしている」という話をしました。

実際は、未来に何が起こるか誰にもわかりません。だからと言って、何もしなければ、何も起きません。何も起きないどころか、常に状況は変化するので、悪くなる可能性が高いのです。よって、経営者が主導して、未来を創り上げて行くことが求められます。しかし、何もなしで未来は築けません。設計図のない高層建築なんて怖くて住むことはできないのと同じです。

その設計図が事業計画書であり、その元をつくる方法が「銀行・愛されメソッド」です。

現状がどうであれば、未来を創り上げることには変わりない

経営者が未来を創り上げて行くことが仕事であるならば、現状がどんな状態からでも、未来を開拓して行くことができるということです。

言い換えると、現状が、「資金不足」であろうが、「業績悪化中」であろうが、「資金が潤沢」であろうが、「上場を目指す成長企業」であろうが、「上場企業」であろうが同じということです。

成長企業や上場企業なら、将来安泰なので、わざわざ経営者が未来を創り上げて行かなくてもいいのではと思うかもしれません。しかし、お客様の変化、ニーズの変化、競合他社の動き、自社の中の状況、外部環境などのよって、売上、利益は変動して行きます。

つまり、成長企業が今後も成長するとは限らないのです。よって、定期的に、「銀行・愛されメソッド」を使って、軌道修正した未来を創っていかないと業績が減速するかもしれないのです。

また、現状が「資金不足」「業績悪化」の状態の会社であれば、そこから脱却する未来を創り上げて行くためにも、軌道修正を行って行く必要があります。

経営をしていて、事業計画書どおりには進まず、現実の壁を目の当たりにすると、経営者でも、明るい未来を想像しづらくなります。

しかし、「会社の未来を創って行く仕事」は他の役員でも、従業員でもできません。経営者にしかできない仕事なのです。だからこそ、経営の中で一番重要なのが、「未来を創って行く仕事」なのです。

例えば、船舶の船長は船内で作業をしているわけではありません。しかし、前方を見つめ、進むべき方向を決定しています。この役割は、船荷と船員の命を守るためにも必要なことなのです。経営者は船長と同じく、会社、従業員、お客様などを守る役割なのです。

2 悪循環を好循環に変える決意さえあれば どのような状況でも乗り切って行ける

悪循環は「経営者の決意」により断ち切れる

どんな会社でも「常に順風満帆」なんてことは絶対にありえません。すると「うちの会社は、○○期連続の増収、増益。順風満帆」といわれることもあります。

しかし、私が新卒で入社した会社は数年で倒産し、今は存在すらしません。その会社も、倒産する数年前までは何十年も増収、増益だったと記憶しています。一時期は「順風満帆だった」はずです。それでも、経営の舵を切り間違い、業績は落ち込んだのです。

よって、業績が落ち込むこと自体は、どの会社にもあるのです。後は、経営者が、悪循環に陥らない、もしくは、悪循環を好循環に変える決意をするかどうかなのです。

決意をして、行動に移せば、好循環をつくって行けるのに、ズルズルと、「銀行から借入できないと…」と銀行依存状態になって、いずれ銀行から見放されてしまうのです。

依存を断つ決意は、今からできます。ぜひ、経営者が本来の経営に戻って行く姿を従業員に見せてください。それが、好循環を開始するスタートにもなるのです。

３　決算書・資金繰りは今までの経営の結果であり、未来へのスタート

「決算書が悪い」「資金が足りない」のは銀行のせいではない

「決算書が悪い」「資金が足りない」には、外部環境のせいでも、銀行のせいでもありません。資金が足りないのは、そもそも決算書が悪いからです。では、なぜ決算書が悪化したのか？

「経営理念に基づいて、経営戦略を立案し、事業計画書を作成し、その計画に基づいて行動し、結果が出たら、差異分析をして、次の経営戦略立に繋げて行く」という流れができていない結果が、決算書を悪化に陥らせたのです。その結果、資金が足りなくなります。

つまり、「今までの経営の結果」がすべて決算書、資金繰りに繋がっています。悪循環に陥っている状態です。

この悪循環に陥っている状態から、脱却するには、まずは、自社の経営を見つめ直す必要があります。そして、悪循環に陥っている原因を探り、それを断ち切る決意をして、好循環をつくり始めることです。後は、「これをいつ始めるのか？」だけです。

繰り返しになりますが、答えは「今日から未来へのスタートを切ろう」しかないはずなのです。

4　キャッシュ・リッチな会社へ

キャッシュ・マネジメントとは

「資金繰り」というと、「資金が足りない会社が資金調達して倒産を防ぐもの」というイメージがあるかもしれません。

しかし、「銀行・愛されメソッド」を理解していただくと、「資金繰りとは、経営そのものであり、資金調達はその一部であり、経営を改善して、資金が潤沢にある状態」にして行くことだとわかります。

「銀行対策だけ」「資金調達だけ」が「資金繰り」ではないのです。「資金繰り」という言葉が短期的な対策のみのイメージですので、ここで、「キャッシュ・マネジメント」と言い換えます。

まとめると、経営者は、「キャッシュ・マネジメント」をして未来を創って行くことが仕事であり、その手段が「銀行・愛されメソッド」となります。

キャッシュ・リッチな会社へ

資金不足に追われて「資金繰り」をするのではなく、中長期的な視点で、「キャッシュ・マネジメント」をすることによって、「キャッシュ・リッチな会社」になることができます。

言い換えると、「緊急の対策」だけに追われることから脱却するには「根本的な改善」が必要ということです。この「根本的な改善」が「キャッシュ・マネジメント」なのです。

そして、「キャッシュ・リッチな会社」とは、たまたま手元資金が潤沢になるという意味ではありません。一般的には、手元キャッシュ（フリーキャッシュフロー）が多い会社をよい会社と呼ばれることもあります。

しかし、残念ながら、それは「キャッシュ・マネジメント」の本質ではありません。過去もしくは現在、いくら手元キャッシュ（フリーキャッシュフロー）があったとしてもです。

それらの「手元キャッシュを有効活用できていない」もしくは「未来に資金繰りに悩む」のであれば、意味はありません。意味がないどころか手元キャッシュがあるだけに、改善への取組みが遅れて、「キャッシュが不足する会社」になってしまうのです。

そうならないためには、「事業からキャッシュを生み出す力がある」「そして、いつでも資金調達ができる状態」をつくる必要があります。それが、この書籍で、お伝えして来た「銀行・愛されメソッド」を使って行くことによって「事業からキャッシュを生み出す力がある」「そして、いつでも資金調達ができる状態」をつくることが達成されるのです。

ぜひ、今日から、本当の意味での「キャッシュ・リッチな会社」を目指してみませんか？

エピローグ

倒産という辛い思いをする人たちをなくしたい

文中でお話ししたように、私が新卒で入社した会社は、入社後、数年で、倒産しました。その当時、一緒に働いていた上司、同僚、同期は、今ではどこで何をしているかもわかりません。本社があった場所には全く別の会社の、別の建物が建っています。思い出として残っているものは、新卒の頃の「やる気」だけで、それ以外は、ほとんど残ってないのです。

そのような経験から、「こんな辛い思いをする人たちをなくしたい」と強く決意しました。そして、「資金繰りの大切さ」と「その資金を生み出す戦略の重要性」を実感しているからこそ、その後「資金調達力」と「経営戦略立案力」を武器に多くの会社の経営に携わって来たのです。

厳しい経営環境の中でも、力強く成長して行く会社へ

銀行対策などで相談に来られる会社のほとんどは、以前、優良企業だった時期がある会社です。「経営状態が厳しい会社」と聴くと、「ああ、杜撰な経営をして来たんだ」と思われがちですが、「ずっと厳しい状況だったわけではなく、好調でよい会社の時期もあった」はずです。

しかし、どこかのタイミングで、ズレが生じて、悪循環に陥ってしまったのです。その脱出方法

として、「銀行借入」で対応して行きますが、悪循環のままでは、本当の改善はできません。

つまり、銀行対策だけでは、厳しい状況は脱することはできないのです。「緊急の対策」と「根本的な改善」の両輪が必要なのです。そして、この状態を脱出する両輪の方法を経験に基づいて、まとめたのが、「銀行・愛されメソッド」です。実際には、「緊急の対策」と「根本的な改善」まで実行して行くのは、労力と時間が多大に掛かります。銀行の取引も重要ですが、銀行取引の手段は、この対策の中の一部に過ぎません。よって、「銀行・愛されメソッド」という名前ですが、銀行だけのことを考えるのではなく、経営全体の改善まで踏み込んでいるのは、このような理由からです。

そして、最終的には、経営者が「この会社をどうして行きたいか？」という経営理念が一番大切になります。だからこそ、経営者には「覚悟」と「決意」が必要となって来ます。そこを固めることによって、銀行から愛される会社（優良企業）になるのです。この厳しい経営環境の中でも、「銀行・愛されメソッド」を使って、ぜひ、力強く成長して行く会社となって頂きたく思います。また、もっと詳しく知りたい場合は、これらの教材、研修、コンサルもしておりますので、これらを活用して、成長への道を歩んで行きましょう。

士業・コンサルタント・FPの方へ

ここまでは、経営者の方に向けて、「銀行・愛されメソッド」をお話しして来ました。ここから少し、士業・コンサルタント・FPの方に向けてお話します。

昔に比べると変化のスピードが上がっており、会社経営は、難しさが増している時代です。このような状況の中で、経営者へのアドバイスの重要度も上がってきています。それは、経営改善などの取り組みを、会社内だけで対応できればいいのですが、やはり専門家の協力を得たほうが、スムーズに進むはずです。もちろん、税務、労務、マーケティングなどの各分野の専門家でもあると思いますが、経営の問題は、全般に渡ることも多いのです。「銀行・愛されメソッド」でお話したように、部分的な改善だけでは、今の時代、本格的な改善は難しいからです。

そういう意味では、士業・コンサルタント・FPの方にも、「銀行・愛されメソッド」を活用して、顧問先のお手伝いをしていただきたいと思っています。

「緊急の対策」と「根本的な対策」は、中長期に渡り、会社ごとに違いもあるので、これらの勉強会や研修もありますので、こちらも活用して、日本の中小企業を、元気にして行きましょう。

（参考文献）平野貴之（２０１３）「会社の売上を伸ばしたければ　社長は『現場』に出るな！」（ＫＡＤＯＫＡＷＡ・中経出版）

２０２２年12月

平野　貴之

〔資金調達したい経営者様へ〕
〔資金調達のお手伝いをしたい士業様・コンサル様・ＦＰ様へ〕

☆購入者特典を 期間限定で 無料プレゼント中！

【銀行・愛されメソッド　無料解説動画】

（内容）

【経営者向け】

・読むだけでは分かりにくい部分を動画で解説
・フロー図の書き方の解説
・書籍に書ききれなかった事例・シミュレーションを解説
・資金調達しやすい事業計画書への落とし込み解説

【士業・コンサル・FP向け】

・困っている顧問先へ支援方法

【申し込み方法】

・下記URLでご視聴手続きをしてください。

URL　http://bk2.keiei-asg.com/bk2/

こちらからもどうぞ。
↓ ↓ ↓

「銀行・愛されメソッド」無料動画

※期間限定ですので、お早めに！

（その他　参考SNS）
※著者ツイッター　@no1egao
※著者ブログ　https://ameblo.jp/no1egao

著者略歴

平野　貴之（ひらの　たかゆき）

静岡県生まれ。愛知学院大学経営学部卒業。

新卒入社し３年勤めた会社が倒産するという経験をし、「このような辛い状況になる企業を救いたい」と決意する。

その後、数社で株式公開・上場準備担当者・責任者を歴任。

このように、従業員の立場で「倒産」と「株式公開準備」という企業経営の両局面を経験したことを基に経営コンサルタントに転身。関わった資金調達額は200億円を超える。

「株式公開・上場を視野に入れる成長企業コンサルティング」、「Ｖ字回復を目指す事業再生コンサルティング」、「夢を持ってチャレンジする起業家向けコンサルティング」と様々なステージの中小企業のコンサルティングを行う。

どのステージでも、「倒産しない会社」であり「成長し続ける会社」をつくることを目指している。

このように、様々な問題・課題・悩みを抱えている「経営者の伴走者」であり、中小企業経営専門のコンサルタントとして、業種・会社規模を問わず様々な経営者、起業家との対話を続けている。


資金調達したい経営者のための「銀行・愛されメソッド」

2023年１月19日　初版発行　　2023年７月６日　第２刷発行

著　者　平野　貴之　© Takayuki Hirano

発行人　森　　忠順

発行所　株式会社 セルバ出版
〒113-0034
東京都文京区湯島１丁目12番６号 高関ビル５Ｂ
☎03（5812）1178　　FAX 03（5812）1188
https://seluba.co.jp/

発　売　株式会社 三省堂書店／創英社
〒101-0051
東京都千代田区神田神保町１丁目１番地
☎03（3291）2295　　FAX 03（3292）7687

印刷・製本　株式会社 丸井工文社

Printed in JAPAN
ISBN978-4-86367-795-1